SIN "MÍ" "CONTIGO"
NO HAY "CONTIGO"

LUIS ANDRÉS FIGUEROA

Autor: Luis Andrés Figueroa

www.luisandresfigueroa.com

@soyluisandres

Luis Andrés Figueroa

Editor en Jefe: Andrea Vivas Ross @andreavivasross

Diseño Gráfico: Raquel Colmenares Ross @rachuc

Corrección: Andrea Vivas Ross

Asistente Corrector: Corina Álvarez @profecoritweet

Fotografía de contraportada: Luis Ernesto Rodríguez @luisernestillo

Casa Editorial: @paquidermolibros

Producción Independiente:
©Paquiderpro, C.A.

Primera Edición: 2018
Venezuela – Miami

ISBN: 9781791549930

A todas aquellas personas que,
a pesar de cualquier circunstancia,
siguen creyendo que se puede ser feliz en pareja.

INTRODUCCIÓN

Este libro, que ahora tienes en tus manos, me lo prometí hace muchísimos años atrás cuando tenía seis o siete años y jugaba a que sería un gran escritor. Nunca imaginé que mi primer libro sería de relaciones de pareja. Es que hubiera apostado que sería una novela, una historia de amor o una de ficción, pero un libro de cómo entenderse en pareja, no. Así como tampoco imaginé que la psicoterapia y el crecimiento personal se convertirían en mi profesión de vida.

¿Por qué de parejas? No fue fácil decidirme por este tema, pero creo que después de tantos años trabajando con parejas y aprendiendo de mis propias experiencias me pareció oportuno convertirlo en un libro. El tema de la pareja ha sido importante en mi vida porque nací dentro un matrimonio que no supo escribirse una bonita historia de amor. Eso, lejos de desmotivarme, me impulsó a aprender a hacerlo distinto en mi vida personal y me ha inspirado a estar estudiando la pareja hasta el día de hoy. Es un tema que, aunque tengo muchos años trabajándolo personal y profesionalmente, sigo siendo un aprendiz y eso me gusta porque hace que mi curiosidad siga viva, y no hay nada que me haga sentir más vivo que ser curioso.

De parejas se ha escrito tanto y se seguirá escribiendo porque el amor en pareja es, y seguirá siendo, el gran misterio que no termina de revelarse nunca. Mientras más se escribe hay más preguntas, más dudas, más miedos, más herramientas, más recetas, más rupturas, más decepciones, pero también más esperanzas de conseguirla.

En mis años de experiencia profesional y sobre todo personal, he tenido el privilegio de conocer todos los obstáculos, saboteos y barreras que una persona puede generarse, consciente o inconscientemente, para entorpecer el deseo de tener una pareja. Gracias a todo ese aprendizaje es que siento que ha llegado el momento de ofrecerte mi punto de vista en este difícil pero apasionante arte de hacer pareja. Un punto de vista que no pretende ser la verdad absoluta. No. Solo pretende ser una ventana, tan válida como las demás, que busca orientar a quien desee aprender no solo a tener una relación sino a cuidarla, conservarla y enriquecerla. Las propuestas y reflexiones que leerás en estas páginas han logrado cambios positivos y alentadores en la construcción de parejas felices, pero igualmente te recuerdo que no hay fórmulas infalibles, ni caminos seguros, solo posibilidades que están ahí para ser tomadas por todo aquel que desee hacerlo.

Sin "MÍ" no hay "CONTIGO" es una invitación respetuosa y optimista a:

— Que no escojas la soledad como destino, sino que lo intentes (con la actual pareja u otra nueva) pero de una forma diferente y mejor. No tengo nada en contra de la decisión de quedarse solo sin pareja. Considero que es una opción válida siempre y cuando no se tome como una resignación ante las tantas frustraciones debido a los intentos anteriores.

— Desmontar la creencia de que el amor de pareja es una lotería, un producto del azar donde pocos ganan y muchos pierden. El éxito o no de una relación es el resultado de lo que ambos integrantes sean capaces de hacer. La buena suerte de la relación descansa en la calidad de las decisiones que tomen, en los acuerdos que lleguen y en la humildad de querer aprender.

— Recordarte que el ser humano puede tener todo lo que desea siempre y cuando crea en sí mismo. Busco que las personas vean cuan responsables son de la forma que aman y de cómo eligen sus parejas, que aprendan a cambiar un estado de sufrimiento y negatividad por uno de felicidad y sobre todo de disfrute.

Creo en las segundas, terceras y cuartas oportunidades, siempre y cuando ambos integrantes estén dispuestos a crecer y rescatar el vínculo. Te invito a que leas todo, a que no rechaces nada de buenas a primeras, a que mantengas tu mente abierta para ir asimilando lo que aquí te propongo. A lo mejor leerás cosas que te molesten, leerás otras que te encanten, pero no rechaces nada, solo pruébalo.

Cada página que escribí busca inspirarte a que recorras tu camino. No pretendo que transites el mío, ni el de mis consultantes. Solo espero con esta propuesta poder ayudarte a que encuentres el tuyo. Recordando que posiblemente tu camino no se parezca al que te dijeron que "deberías recorrer", ni al que tus padres o familiares decidieron tomar.

Mucha suerte, disfruta este viaje.

Y mil gracias por regalarme tu tiempo.

LUIS ANDRÉS FIGUEROA

PRÓLOGO

Creo que a mis años, ser agradecido es un buen tatuaje a lucir. No colecciono casi nada, pero sí albergo seres, recuerdos, momentos, enseñanzas, experiencias y sorpresas que dibujan, siempre, contracciones en mi corazón para luego convertirse en infinita gratitud.

Uno de esos seres de mi albergue privado es Luis Andrés, a quien conozco hace algo más de veinticinco años; nos miramos y basta, conocemos nuestras costuras, nuestras piezas quebradas y nuestras oscuridades, incluso, a veces, hemos aprendido a reírnos de ellas, convirtiéndolas en anécdotas y discursos altamente inspiradores para nosotros y para los demás.

Si mis amigos son un claro reflejo de lo que atraigo a mi vida, con Luis veo un espejo de lo trabajado, de ese llanto convertido en posibilidad y de esa rabia hecha plegaria diaria por la vida y el amor. Por ser mayor, me sorprendí cuando lo vi siguiendo mis pasos profesionales con respeto y entusiasmo. Hoy, está crecido, adulto, lleno de ganas y de un amor por la vida que reparte, sin más, en su andar por los intrincados caminos terapéuticos.

SIN "MÍ" NO HAY "CONTIGO" es más que una frase, es un título, ya no solamente de un libro sino de un caminar, de una vivencia propia, de unas noches oscuras de su alma que destilan verdad y que logran una conexión exquisita y contundente con el otro o con lo otro.

En todos estos años de amistad, he tenido la oportunidad de leer algunos de sus borradores que, a pesar de mi insistencia, nunca publicó. Quizá, no se está listo cuando otros lo piensan, sino cuando el alma grita un "SÍ" estrepitoso, de allí el orgullo que siento por esta publicación que sé, los cautivará y los llevará a encontrarse, en ocasiones, con esa verdad difícil de reconocer, pero enorme como una catedral que pide ser vista y escuchada.

SIN "MÍ" NO HAY "CONTIGO" es un viaje que emprendemos de la mano del autor, donde nos confrontaremos con esas fantasías impregnadas de la telenovela, esa institutriz "oficial" acerca de la pareja, amor y relaciones; nos toparemos con creencias del amor que responden más a un "verse bien" que a un "sentirse bien", propias de la agonizante cultura de posguerra y nos tocará mascar el dulce amargo de aquello que soñamos desde nuestra pareja y no desde nosotros mismos.

Así de intenso, así de agudo, así de dulce es este terapeuta que inaugura su cincuentena con un legado en el tiempo y en el espacio. Para mí es un lujo compartir a un gran y cercano amigo con todos ustedes, disfrútenlo tanto como nuestra amistad me lo ha permitido disfrutar a mí.

¡Gracias querido Luis y luz para el camino que siempre continúa!

Carlos Fraga

ÍNDICE

- **PRÓLOGO: CARLOS FRAGA**
- **INTRODUCCIÓN**

PARTE I: CONÓCETE

CAP. 1 EL DESAFÍO DE SER Y TENER PAREJA   14

CAP. 2 EL AMOR NO TIENE LA CULPA   20

CAP. 3 ¿POR QUÉ UNOS "SÍ" Y OTROS "NO"?   26

CAP. 4 LO QUE NO ES AMOR   32

CAP. 5 EL MODELO DE PAREJA VENCIDO   38

CAP. 6 ¿PARA QUÉ QUIERES TENER PAREJA?   48

CAP. 7 APRENDE A PEDIR LO QUE QUIERES Y   56
NECESITAS

CAP. 8 EL ESPEJO   62

CAP. 9 ENEMIGOS QUE NOS IMPIDEN AVANZAR   70

CAP. 10 LO QUE MIS PADRES ME ENSEÑARON   82

CAP. 11 ¿QUÉ TIPO DE AMANTE ERES?   88

PARTE II: ÁMATE

CAP. 12 CUANDO HAY AUTOESTIMA HAY UNA   94
RELACIÓN SANA

PARTE III: SÉ PAREJA

CAP. 13 EL PROYECTO DE PAREJA   108

CAP. 14 ¿CÓMO CONSTRUIR UN PROYECTO VITAL   114
CON TU PAREJA?

CAP. 15 EL ACUERDO   124

CAP. 16 DA LOS PASOS CORRECTOS   128

CAP. 17 ¿CÓMO SABER SI ESTÁS AMANDO   132
SANAMENTE?

EPÍLOGO: EL RETO   135

Parte I

CONÓCETE

El desafío de ser de ser y tener pareja

01

Si me pidieran definir al amor en pareja no tengo duda: Es una aventura tan maravillosa como peligrosa. No tiene garantías. Nadie puede asegurarte si te irá bien o mal. Es incertidumbre pura pero, la mayoría de las personas — por no decir todas— no podemos resistirnos a construir una relación de pareja. No importa cuántos cuentos negativos hayamos escuchado de conocidos que han fracasado en sus intentos, no importa cuánta gente divorciada exista, basta con que veamos una película romántica para que las ganas de intentarlo aparezcan llenas de vida nuevamente.

Como toda aventura, lo más sensato es disfrutarla mientras se corre el riesgo, pero hay que saber cómo correr ese peligro. El trabajo de pareja es mucha práctica, es aprender de los errores para poder continuar, pero de una forma distinta. Si quieres cambiar y mejorar tu patrón para construir pareja es necesario revisar cómo han sido las experiencias amorosas que has tenido. De nada sirve quejarte de las personas que se te han acercado y que tú has dejado entrar. Al contrario, hay mucho que puedes hacer por mejorar y cambiar tu historia amorosa, solo basta con asumir la responsabilidad de los resultados para que puedas empezar a modificarlos.

> *No es suficiente con decir "quiero intentarlo" y lanzarte como si nada. No es suficiente pensar que porque me casé contigo ya eres mío, y tienes que quererme porque sí y tienes que ser fiel porque sí. Tampoco sirve con sentir cosquillas en el estómago, con que te guste la persona, con que el sexo sea bueno, ni con que tenga buenos sentimientos. Eso cuenta, pero no determina la calidad de la relación que ambos puedan construir.*

Es importante saber cómo lo vamos a intentar esta vez: ¿Qué cosas no haremos? ¿Qué cosas sí? ¿De qué nos sirvieron las experiencias anteriores? Solo así podremos reducir el riesgo de volver a sufrir. Hay personas que juran que nunca más les harán daño y creen que con decir eso ya están protegidas de una nueva decepción. Y no es así. Lo único que hacen es repetir

los mismos errores y vivir la misma dolorosa experiencia, pero con otra persona.

¿QUÉ PASÓ CON LA HISTORIA QUE NOS PROMETIMOS?

Todos, sin excepción, entramos a una relación de pareja con la intención de quedarnos allí para siempre. Pero, ¿por qué, en muchos casos, esa intención no se cumple? ¿Qué pasa con esa parte del cuento "fueron felices para siempre"? ¿Quién y por qué cambia el final de la historia? ¿Por qué cuesta tanto poder vivir toda la vida al lado de alguien? Y yo me atrevo a agregar otra pregunta más: ¿por qué ese afán de vivir con la misma persona toda la vida?

Cuando yo hago esas preguntas en mis consultas o en mis conferencias, las personas dan respuestas poco convincentes. A veces pienso que, quizás, esa misma imposición hace que uno se aburra a mitad de camino.

> *Estas no son más que disertaciones que hago y te las ofrezco a ti para que juntos pensemos y reflexionemos acerca de las razones que nos llevan a ser pareja de alguien. Estoy convencido de que muchas personas quieren tenerla y no saben la verdadera razón que los lleva a hacerlo.*

En mi caso, cuando tuve mi primera relación importante, no lo sabía en aquel entonces pero, después, descubrí que mi anhelo por tener una relación bonita y duradera era porque mis padres no pudieron tenerla. Esa ruptura fue la que me hizo desearla. Por supuesto, no lo logré y, con el tiempo y la madurez, entendí que debía existir una razón de mayor peso para estar con alguien.

También entendí que si dos personas no pueden convivir juntas, ¿para qué estar en una relación así? A veces pienso que ese ideal de "felices para toda la vida" tiene que ver con obtener la tranquilidad de no quedarse solo. Hay que recordar que la soledad o ser abandonados es uno de los miedos más universales que tenemos los seres humanos. Y mi propuesta es la siguiente: si tenemos miedo a quedarnos solos, entonces por qué no aprender a elegir una muy buena compañía, que nos motive, nos divierta y nos provoque elegirla todos los días de la vida. Pero es aquí donde muchos prefieren escoger a alguien para "toda la vida" y olvidamos que eso solo se puede ir construyendo un día a la vez. Ese es el trabajo de hacer pareja, cuidar y cultivar cada día, viviendo en tiempo presente, sin angustiarnos por perderlo en un futuro. Esa preocupación hace que nos desconectemos del trabajo del amor, para entretenernos en la angustia de la posible pérdida.

Sin embargo, hay que aprender a convivir con otra posibilidad: todas las relaciones tienen fecha de vencimiento. Nos guste o no. No sabemos cuánto durarán, pero tienen un final, porque la vida es finita, no es eterna y las relaciones tampoco lo son. Creer que estas tienen que ser eternas es un error que no nos permite entregarnos a vivir la experiencia de pareja por completo, sino más bien nos hace preocuparnos en que dure muchísimo, y ¿mientras dura, qué? ¿Acaso no es más importante lo que se vivió y disfrutó durante ese tiempo?

Si una relación se acaba es importante saber las razones. De hecho, considero que estar conscientes de ellas es saludable y muy valioso para nuestro crecimiento personal, porque así aprendemos a no repetir los mismos errores en la próxima relación que vayamos a emprender, ya sea con la misma persona o con otra nueva.

En mi segunda relación importante, en la cual duré 25 años, tuve distintas relaciones con la misma persona. Ahí entendí que, así como yo crecía y evolucionaba, mi pareja también lo hacía y, por ende, nuestra relación iba creciendo y cambiando junto a nosotros.

Cuando una relación llega a su fin, la mejor decisión de amor es separarse y no obligarse a estar con alguien que ya no se quiere. Una relación dura lo que la felicidad dure, por eso, cuando se acaba esa felicidad, lo más parecido al amor es separarse. Existen personas que prefieren estar casadas con alguien solo por no darles la razón a sus padres. Mujeres que desafiaron a sus familias casándose con un hombre que no era aprobado por ellos y que, antes de admitir el final de esa relación, insisten en permanecer casadas con tal de no escuchar el famoso: "te lo dije".

Permanecer juntos no es un indicativo de estar bien. Aparecer en las redes sociales mostrando felicidad no indica que se entiendan y se quieran. Con regularidad, nos enternecemos cuando vemos a una pareja que dice tener 50 años juntos. Hay una sensación de ternura y de éxito que genera el estar 50 años al lado de alguien, pero siempre es bueno preguntarse: ¿en esa cantidad de años han sido felices? ¿Si pudieran nacer de nuevo escogerían a la misma persona o a otra? Respuestas tan impactantes como poco tiernas he recibido que me hacen pensar que el tiempo de una relación nada tiene que ver con la calidad de esta, ni mucho menos con la felicidad que esas personas encontraron.

Ahora, así como creo que las relaciones tienen fecha de vencimiento, también creo que podemos construir nuevas relaciones, distintas y mejores con la misma persona o con otra.

El amor no tiene la culpa

02_

Terminaba yo de dictar una conferencia que titulé: "Cómo construir una hermosa relación de pareja" y en la sección de preguntas y respuestas, una participante levantó su mano no para hacer una pregunta, sino para decirme que no creía absolutamente nada de mi planteamiento. Ella dijo que el amor en pareja es muy difícil de conseguir mientras existan personas con malos sentimientos que engañen y traicionen, que a su juicio son muy pocas las que logran ser felices estando juntas y, aun así, ella pone en duda que sean tan felices como pregonan... "El que se enamora pierde", sentenció.

Después de escucharla, me di cuenta de que era una persona que había sido lastimada en sus experiencias pasadas y, por la forma de hablar, seguía herida. También me percaté de que, aun cuando aseguraba no creer en el amor en pareja, ella había asistido a mi conferencia, eso me hizo entender que, a pesar de sus heridas, todavía tenía esperanzas, es decir, en el fondo aún sentía que había tiempo para ella.

Hay personas que, después de sufrir una decepción, deciden no tener más pareja porque la asocian con el dolor, traición y sufrimiento. Aprovecho para decirte que el amor no es el causante de dicho dolor, lo que lo genera es la forma en que se elige a la pareja y la manera en cómo te relaciones con esa persona. No podemos seguir culpando al amor de lo que no es responsable, así como tampoco podemos decir que el amor de pareja da la felicidad. No. Es la manera en cómo te relaciones y vincules con esa persona lo que te proporcionará felicidad o no. Es como si yo, siendo amante de la playa, culpara al mar de casi haberme ahogado cuando me sumergí en una oportunidad. La culpa no es del mar, sino mía al meterme sin saber nadar, al no saber en qué tipo de playa me estaba metiendo y cuáles riesgos corría. La solución no es dejar de bañarme en la playa, sino aprender a nadar, a saber qué tipo de oleajes se adecúan a mis destrezas como nadador. Eso hará que yo siga disfrutando mi gusto por el mar sin correr peligro. Así mismo podemos hacer a la hora de tener y ser pareja. Sin renunciar al amor podemos tomar medidas preventivas que nos permitan amar, minimizando el riesgo de sufrir.

Hay una importante diferencia entre **tener pareja y ser pareja.** Puedes tener una pareja, pero si no sabes cómo cuidarla, fortalecerla, enriquecerla y mantener el entusiasmo vivo no estás **siendo pareja.** La gente quiere casarse, pero no sabe qué hacer con la relación al día siguiente. Lo mismo sucede con tener una empresa, eso no te hace, necesariamente, un empresario. Tener un jardín no te hace ser jardinero. Tener dinero no te hace saber producirlo e invertirlo. En conclusión, hay que aprender a **ser pareja.**

TENER LA INTENCIÓN NO ES SUFICIENTE

Todos, en lo más profundo de nosotros, deseamos tener y disfrutar una buena relación de pareja, pero cuando no la tenemos o no sale como queremos nos molestamos, nos peleamos con la vida y hasta con el mismísimo Dios. Todos, de alguna manera, anhelamos una relación donde podamos ser nosotros mismos, donde sintamos cariño, protección y podamos brindarle eso mismo al otro, donde los miedos no nos asusten tanto, donde los motivos para reír se multipliquen todos los días y donde, después de hacer un balance, esa relación sea una de las cosas más hermosas que hayamos hecho en nuestra vida.

No importa el número de intentos que hagamos ni el número de veces que hayamos salido lastimados, siempre vamos a querer vivir una buena historia de amor. Cada vez que lo decidimos intentar, nos prometemos — sin saber cómo— que esta vez no fallaremos, pero olvidamos un detalle importante: tener la intención y la promesa de no fallar no es suficiente. Es necesario cuidar esa intención. Una buena manera de cuidarla es admitir que muy dentro de nosotros habita el miedo a fracasar de nuevo. Miedo a ser lastimados, miedo a ser abandonados, miedo a sufrir. Todos nos hemos sentido así, pero muchísimas personas creen que, al no hablar de ese miedo, este desaparece milagrosamente.

Esther había llegado a mi consulta porque quería sentirse más segura en las relaciones de pareja, ella tenía un profundo miedo de que la engañaran otra vez, pero se negaba a quedarse sola. Según sus creencias, para desaparecer el miedo no había que mencionarlo ni pensar en él: "cada vez que piensas en ese miedo se engrandece porque le das fuerza", decía. Así que ella prefería hablar de confianza, de optimismo y de actitud positiva. Cosa en la que yo estaba de acuerdo con ella. Hay que ser optimista, sí, pero lo que yo veía era que Esther tenía tanto miedo de enfrentarse a eso, que lo evadía escondiéndose detrás de una actitud positiva.

Las heridas, los miedos, los problemas y obstáculos se vencen cuando se les da el tratamiento necesario para resolverlos, no escondiéndolos. "¿Cuántos engaños has evitado al dejar hablar de tu miedo? ¿Te ha ayudado a estar más segura en tus relaciones?", le pregunté y, tal como lo imaginaba, me dijo que no.

No soy quién para cuestionar la creencia de nadie. Mi trabajo es hacer las preguntas necesarias para que la persona pueda ver si esa creencia la está llevando al destino que desea o no. Esther reconoció que su frustración iba en aumento, pero le pude hacer ver que el miedo sin resolver era lo que la separaba de su posibilidad de hacer pareja. Le sugerí que empezáramos a trabajar ese miedo, pero con confianza, optimismo y actitud positiva.

Muchas personas pueden pensar que hablar de los miedos es ser pesimista, pero la experiencia me ha dicho lo contrario. Existe una gran diferencia entre optimismo e ilusionismo. No es más optimista el que esconde su miedo, ni es más pesimista el que reconoce su miedo. Enfrentar las cosas negativas y superarlas es la mejor manera que conozco para ser una persona optimista, porque el optimismo no es ausencia de miedo, solo debemos manejarlo de manera asertiva, a tal punto que seas tú el que lo dirija y no él a ti.

Invité a Esther a que hiciera una lista de los miedos que pudieran estar obstaculizando su posibilidad de ser feliz en pareja. El primero que identificó era que la engañaran de nuevo porque estaba convencida que todos los hombres eras infieles y mujeriegos. Esa frase no era de ella, la había escuchado desde

que era una niña en labios de su mamá y de su abuela, por lo que la había convertido en su verdad.

Muchas veces — por no decir siempre—, nuestras creencias están basadas en experiencias ajenas, pero las repetimos hasta el cansancio y terminamos viviéndolas como propias. Por supuesto que no podemos pelear ni cambiar las creencias de los demás, pero sí tenemos el deber y el derecho de cambiar las nuestras. De eso se trata, construir la vida que deseamos, cambiar lo que es historia y desafiar todo lo que hemos conocido hasta atrevernos a probar cosas nuevas.

Ciertamente, los hombres de la mamá y abuela de Esther habían sido infieles, pero también es cierto que no todos los hombres son así. Existen hombres comprometidos y leales dispuestos a dar una exclusividad sexual y afectiva a su pareja. La pregunta es ¿por qué esos hombres no llegaban a la vida de Esther? ¿Dónde estaban?

Esther tenía dos opciones: seguir creyendo que no había hombre fiel o pensar de manera distinta para que pudiera conocer hombres distintos a los que las mujeres de su familia habían conocido. Y tú, ¿qué opción tomarías?

¿Por qué unos "sí" y otros "no"?

03

En consulta escucho frases como "la pareja es algo que empieza bien pero, irremediablemente, termina mal". "Es un mal necesario". "Es una cárcel donde renuncias a lo que eres para adaptarte a otra persona que, a su vez, también renuncia a lo que es, con tal de llevarse bien". "Es una lotería, un golpe de suerte, o una ruleta rusa".

La creencia de que el éxito en una relación de pareja es cuestión de tener buena suerte es más común de lo que pensamos. Las personas que hemos nacido en este lado del continente y que compartimos la cultura latinoamericana hemos crecido, nos guste o no, consumiendo telenovelas, sin olvidar los culebrones infantiles que, desde niños, también han estado presentes en nuestra educación como Cenicienta, La Bella Durmiente, Blanca Nieves, etc. Todas estas historias cuentan lo mismo: dos personas que nacieron para ser felices, pero están separadas por un destino perverso que se opone a su felicidad y que, al final, logran encontrarse. Lo que ocurre es que solo registramos la inmensa separación de los amantes y el triunfo del mal durante la historia, porque del anhelado "final feliz" no queda constancia. En otras palabras: una historia de amor, según lo que hemos venido consumiendo, es más separación que una felicidad estable. Y resulta comprensible el porqué muchas personas, cuando se sienten felices, temen perderla. Se sienten más "cómodas" viviendo el conflicto y la separación que la paz y el entendimiento.

Mirtha, una mujer de unos cuarenta años, muy bien llevados, divorciada desde hace cinco, con dos hijos de su primer y único matrimonio, se había atrevido a darse una nueva oportunidad con otra persona, a pesar de sus miedos y de las advertencias de sus amigas, también divorciadas. Ella había decidido que quedarse sola no era una opción. Su miedo iba en aumento, pero no porque la relación diera razones para desconfiar, sino por todo lo contrario, su miedo se debía a que la relación marchaba como lo había deseado, sin conflictos, sin sospechas de infidelidad, con armonía y el acoplamiento deseado. Eso, lejos de darle ánimos, la puso muy vulnerable. Ella era una experta manejando sospechas, desconfianza, descubrimiento de chats clandestinos con mujeres anónimas, aburrimiento en la relación, enfriamiento de la comunicación sexual, etc. pero no sabía cómo hacer ante esta relación tan diferente.

"Es que no me puedo creer que nos llevemos bien. Siento que en cualquier momento algo malo va a pasar. Que nos vamos a separar y me da temor acostumbrarme para luego llevarme una decepción".

Lo supuestamente malo que podía pasar provenía de los recuerdos de su relación con su ex esposo y de las anécdotas que había escuchado de sus amigas. Por esta razón, no sabía cómo cuidar su nueva relación de esos pensamientos negativos.

A partir de ahí, Mirtha y yo empezamos un trabajo terapéutico para aprender a manejar el miedo, a recibir y conservar la felicidad en pareja. Comenzamos por identificar su principal enemigo: la incredulidad de que existiera una relación así. Mirtha prefería creer que no existían relaciones así, antes que aceptar su incapacidad para manejarlas. Ella deseaba ser feliz, lo anhelaba, pero no sabía cómo conservarla y allí empecé mi trabajo con ella.

Aprovecho para compartir contigo algo que escuché siempre de los labios de mi mamá, de mi abuela y de algunas tías: "El amor es una lotería que unos ganan y otros no". Ellas, por supuesto, estaban en el grupo de las "no afortunadas". Crecí con eso, pero de pequeño no tenía mecanismos para desmontar dicha creencia, así que por un buen tiempo creí que el amor de pareja era eso: una lotería que pocos ganaban. Sin embargo, siempre me preguntaba ¿por qué unos sí y otros no? ¿Qué hacían las demás personas para ganarse esa lotería? ¿Y qué hacía la mayoría para no ganársela?

Cuando era niño, crecí creyendo que mi familia no tenía suerte ni en el dinero ni en el amor. Aunque me quedé con ese pensamiento en la cabeza, pues no me resigné. Algo dentro de mí me decía que no me conformara, que saliera a buscar respuestas. Yo lo llamo terquedad ligada con mucha curiosidad. Esa mezcla hizo que no me quedara quieto hasta averiguar por qué esa lotería del amor le sonreía a unos y a otros no, y gracias a esa terquedad de que las cosas sí se pueden cambiar o, por lo menos, mejorar es que he podido avanzar y tener lo que quiero, por eso no me cansaré de decirte que puedes tener la vida que quieres, siempre y cuando, estés dispuesto a pagar el precio de

desafiar lo que hoy crees que es una verdad absoluta. Vive tu propia verdad y atrévete a experimentar una relación sin miedos que te limiten. No esperes lo peor cuando estás feliz en pareja, al contrario, vívelo al máximo, sin presiones externas que te hagan dudar.

La mala suerte en el amor era una creencia que se había hecho tradición en mi familia y que ninguna de ellas se atrevió a desmentir. La aceptaron, así como la inculcaron al resto. Seguramente no les gustaba, pero prefirieron ser obedientes.

Que mi madre, mi abuela, mis tías o quizás tú, amigo lector, crean que el amor de pareja es una lotería es algo que respeto, aunque no estoy de acuerdo, pero es mi deber decirte que existe una forma de cambiar y mejorar tu "suerte" en el amor: No dejar que el azar dirija tu vida, sino que seas tú quien tome el mando.

La experiencia vivida es la que nos define lo que es verdad o no. Analizar las experiencias implica un trabajo necesario, porque muchas de estas provienen de las creencias inconscientes que tenemos y si no se cambian dichas creencias pues, seguiremos teniendo la misma vida.

El azar está ligado a lo que crees de ti y te acompañará mientras lo sigas alimentando y no te atrevas a cambiarlo, pero el problema no está en creer en la suerte, sino en el tipo de suerte que crees. Ahí está la diferencia. Por ejemplo, si tú eres de los que cree que tienes buena suerte pues sigue así. Si sientes que la vida te sonríe, que el amor está de tu lado y la lotería te abraza en cada uno de sus sorteos, pues déjame decirte que vas muy bien. Pero, si por el contrario, tu suerte no es buena es donde tenemos que trabajar, revisar y transformar esa creencia en una nueva que se parezca a lo que deseas, que trabaje a tu favor y no en contra. Soy de los que cree que el destino no está escrito, lo escribimos cada uno de nosotros con lo que decidimos, hacemos y creemos.

¿QUÉ CAMBIARÍAS Y POR QUÉ?

Si te pregunto: ¿si tuvieras la oportunidad de volver a vivir las relaciones anteriores, qué cosas cambiarías?

Me gusta mucho hacer esta pregunta en consulta porque le permite a la persona buscar en su pasado los posibles errores que cometió, pero no para caer en reproches, sino para evitarlos en la relación presente o futura. Cuando sabes qué cosas hiciste o dejaste de hacer que no te dieron el resultado esperado, eso se convierte en aprendizaje para la nueva relación.

Voy a compartir otro pasaje de mi historia contigo. Siempre me sentí como un extranjero en mi familia, porque la mayoría de las cosas que veía no me gustaban y como no era muy obediente que digamos, pues siempre estaba protestando porque, en el fondo, sabía que había algo mejor que eso que estaba viviendo. No sé de dónde me salía esa fe. Yo sentía que la vida no era para sufrir y quedarse con las ganas. Ahora que soy adulto creo que eso me ha llevado a estar donde estoy y aplicarlo en mi trabajo. Entendí que el destino no estaba escrito, sino que uno mismo lo podía escribir tomando decisiones y tomando conciencia de las creencias que tenemos. Despedir una creencia y darle la bienvenida a otra es una decisión personal que puedes tomar en cada momento. Si deseas mejorar tu suerte en pareja, cambia la calidad de tus pensamientos y creencias respecto a ese tema. Revisa quién dijo eso que crees, de dónde lo sacaste y devuélveselo.

Lamentablemente, he podido constatar que a la hora de empezar una nueva relación es más fácil culpar a otros que asumir la propia responsabilidad de sus decisiones, prefieren ser víctimas. Incluso, hay personas a las que les resulta más fácil ser niños para que los cuiden que ser un adulto que se cuida a sí mismo. Cuando no quieren correr el riesgo por temor a equivocarse, prefieren creer en el poder de un hada madrina, un santo o un mesías que les haga el milagro o el favor de salvar su relación, de esta manera, si las cosas salen mal la culpa es del hada madrina que se equivocó o del destino que nunca los oye.

Durante mi experiencia con mi segunda pareja, la mala suerte me la proporcionaba yo mismo al aceptar situaciones irrespetuosas con las que no estaba de acuerdo solo para que no me dejaran. Tenía tanto miedo a quedarme solo que preferí pagar ese precio, creyendo que eso haría más fuerte mi relación y me haría feliz. Ocurrió todo lo contrario, la relación se vino abajo y con ella mi autoestima.

Ahí entendí que permitir cosas que están en contra de nuestra voluntad es uno de los sinónimos de la mala suerte. Solo cuando empecé a tomar mejores decisiones que incluían respetarme a mí mismo fue que mi "suerte" empezó a mejorar. Cuando converso con muchos de mis consultantes y los oigo hablar de su mala suerte, inmediatamente los invito a que revisen qué decisiones en contra de sí mismos están cometiendo, cuáles abusos o maltratos están permitiendo con tal de estar en pareja. No hay nada que genere más mala suerte que no quererse a sí mismo.

> **Tú serás tu propio amuleto, tu mayor fuerza, tu centro de poder y el ritual más efectivo será verte al espejo y recordar que todo dependerá de lo que pienses y hagas.**

Hoy, por mucho que ame a alguien, por muy importante que sea esa persona en mi vida, nunca haría algo que vaya en mi contra solo para cuidar o mantener mi relación. Eso ya no es negociable para mí. Al contrario, si esa es la condición para estar al lado de esa persona, entonces esa no es la persona con la que quiero estar.

Lo que NO es amor

04

La frase "si no estoy contigo me muero" me recuerda a una supuesta demostración de amor: "si te mueres por él es que lo amas, si no te mueres ni te desvives, entonces no es amor".

Estamos acostumbrados a relacionar la muerte con el tamaño y la profundidad del sentimiento. Igual sucede con los celos. "Si no hay celos es porque el amor no es tan grande". Poner en los celos el valor del sentimiento es otra distorsión que ha hecho mucho daño porque olvidan que, detrás de los celos o la idea de morirnos, lo que hay es un amor tóxico que habla de la poca autoestima que tiene la persona.

Depender no es amar, eso no corresponde a un amor sano. Celar es temer a que te cambien por otra persona y cuando el miedo es el que prevalece no podemos llamarlo amor.

La costumbre es otra de las confusiones que se manejan con frecuencia. Para la mayoría, extrañar a alguien revela el tamaño del amor que se siente por la persona. Y sí, es válido que extrañes a alguien, pero no que tu cotidianidad se vea afectada porque esa persona no esté a tu lado. De hecho, hay personas que cuando se separan, por motivos de viaje o por una ruptura definitiva, empiezan a tener alteraciones del sueño, episodios de intranquilidad, sensación de extravío, ansiedad, etc. y todo eso es interpretado como una demostración del amor que se tienen: "Qué hermoso, mira cómo la extraña". "No sabe qué hacer sin ella". "Pobrecito, desde que lo dejó no sabe qué hacer con su vida. Es que la amaba demasiado".

No me atrevo a decir que todo lo que se extraña sea precisamente por amor, quizás sea por costumbre. Y no toda costumbre necesariamente es amor, hay parejas que están acostumbradas, pero ya no se aman.

Gregorio era un hombre de unos 54 años y tenía 20 de un bonito matrimonio con su esposa Adela. Por razones de viaje, su esposa debía ausentarse del país y de su casa por un mes. Vino a mi consulta porque no podía retomar su vida cotidiana y sabía que algo estaba ocurriendo, quería descubrir qué era y, antes de tomar pastillas, prefirió investigar:

— Es que siento que la extraño demasiado porque la amo—, me confesó.

— ¿Cuántas veces se han separado por razones de viaje?

— Esta es la primera en 20 años.

Gregorio no dormía bien, se levantaba de madrugada, miraba la cama y el espacio donde dormía su mujer se le hacía infinitamente vacío. Para él, eso era producto del amor. Quizá para ti también lo sea, y no digo que no esté presente ese sentimiento, pero lo que a mí me llamaba la atención era el desajuste por la ausencia física de su esposa. La pregunta que yo me hacía en silencio era: "¿y si eso no es precisamente producto del amor, sino de la incapacidad de Gregorio por aceptar y manejar el vacío de su esposa? ¿Cuánto de dependencia e incapacidad había y cuánto de amor?". Con seguridad, había susto, algo le faltaba y era la costumbre de estar acompañado por ella siempre, por eso, ante su ausencia, no sabía qué hacer con su rutina y su vida porque existía una dependencia que lo sostenía sin darse cuenta.

Le pregunté: "¿eso es amor a tu mujer o es el miedo que tienes a no saber estar sin ella?". Empezamos a conversar un poco de esa dependencia y encontramos que Gregorio tenía, de forma inconsciente, un inmenso miedo a la muerte. Miedo que venía de su infancia cuando perdió a su madre siendo muy pequeño, miedo a perder y a no saber qué hacer con esos vacíos. Cuando ocurre ese tipo de pérdidas, que no sabemos reparar, tendemos a llenar esos vacíos con apegos o relaciones de dependencia.

Ese miedo de Gregorio lo llevó a depender más de su esposa que de sí mismo. Comenzamos, a partir de ahí, un trabajo de autoestima para que el amor por su esposa no estuviera marcado por el miedo a perderla, sino más bien por el placer de conservarla y disfrutarla.

Amar no es depender a tal punto de que si no se tiene uno se muere. Amar no es miedo a perder y a vivir con esa angustia. Amor es saber disfrutarse en cada momento que están juntos, a recordarse con alegría cuando no lo están y poder desearse

entonces. El sentimiento debería ser: "el saber que te amo me hace esperarte sin angustia, sin miedo a morirme". Es importante saber diferenciar entre una costumbre por dependencia y una costumbre por amor. Saber eso nos aclara dónde termina la dependencia y dónde empieza el amor sano, limpio, libre.

¿Cómo diferenciar extrañar a alguien por amor y extrañar a alguien por dependencia? Pues, por el nivel de angustia que sientes cuando esa persona no está a tu lado. La angustia te dice cuánto miedo tienes a perder algo. No importa si ese miedo tiene argumentos válidos o no, él está ahí y lo vives como si fuera real. No importa cuántas veces nos hayan dicho y hayamos creído que eso era amor. No importa cuántas canciones con ese tipo de letras le hayas dedicado a la persona que amas. Esto nos ha llevado a confundir amor con miedo, por eso muchas personas aman de manera tóxica y disfuncional.

Debo aclarar algo, esto no quiere decir que el que ama sanamente no extraña y no sufre de cierta nostalgia. No. Lo que quiero decir es que se puede extrañar sin comprometer el bienestar emocional y la tranquilad. Es decir, tú puedes extrañar a esa persona, desear estar con ella pero, en este momento, puedes conducir tu vida normalmente mientras la esperas. Que la ausencia de esa persona no te impida disfrutar y ocuparte de tu presente.

En el caso de que esa persona ya no esté en tu vida, la situación cambia un poco, porque se trata de un duelo por alguien que no volverá. Aquí se permite que la extrañes con dolor porque estás consciente de que no regresará, pero no por ello debes desordenarte y descompensarte. Yo sé que hay despechos que son necesarios, que es mejor llorar hasta secarse y que, quizás, unas buenas copas ayuden a llevarse ese pesar, pero ese episodio debe ser pasajero y no durar para siempre. Es más, yo soy de los que prefiero llorar con conciencia. Es decir, cuando lloro dejo que cada lágrima se lleve la pena que ya no puede estar más dentro de mí. Hay que tener mucho cuidado con reprimir el llanto. He visto con preocupación cómo muchas personas, intentando no sentir dolor, reprimen sus naturales y saludables ganas de llorar. Eso hace que el dolor se enquiste aún más y que el duelo tarde en elaborarse.

En el caso de una dependencia muy fuerte, será difícil ver eso como algo pasajero, y entonces empezará el miedo — producto de esa dependencia— a hacerte creer que nunca saldrás de eso. Nada es más falso. Lo que sucede es que, al no tener una buena autoestima en ese momento, te cargas de pesimismo. Para ello, lo más recomendable es acudir a un apoyo terapéutico profesional que te ayude a elaborar el duelo y la reconstrución de tu vida afectiva.

Les cuento que una vez me dijeron que yo no era romántico solo porque no creía que el amor era morirse por otro. Confieso que yo, por muchos años, pensaba que era así. Yo también canté canciones desgarradoras que, sin darme cuenta, lo que estaba haciendo era un culto al desamor y a la baja autoestima hasta que decidí creer que, en la vida, el sufrimiento es una elección, y otra opción es vivirla con plenitud, alegría y con posibilidad de crecimiento. Hoy entiendo que ser romántico no tiene nada que ver con sufrir la ausencia, ni cortarme las venas; cuando alguien vive la ausencia de una persona de esa forma se trata más bien de no saber estar consigo mismo. Más que morirse por el otro, es no saber vivir con él mismo.

Cuando yo decidí cambiar mi forma de vivir, mis conceptos de hacer pareja también cambiaron. Hoy vivo el romanticismo con mi pareja de otra forma, se trata de saber disfrutarlo, pero consciente de que mi vida no se acaba si no está a mi lado. Ya no se trata de cuánto me muero si no está conmigo, sino de qué cosas puedo hacer, día a día, para mantener esta conexión.

En conclusión, no hay nada de malo en estar acostumbrado a una persona hasta el punto de extrañarla, mientras que eso no afecte, de ninguna manera, nuestra identidad, ni nuestros principios, ni las metas. El hecho de que ames a tu pareja no, necesariamente, es dependencia negativa. El placer de amar en pareja es para disfrutarlo, sentirlo y saborearlo, pero si sientes un vacío incontrolable cada vez que te despides, si tu pareja se vuelve indispensable para vivir equilibradamente y la urgencia por estar juntos te arrebata la paz, es momento de hacer cambios para amar de manera sana. El objetivo no es reprimir las ganas naturales que surgen del amor, sino

aprender a no confundirlas con dependencia, miedo a la soledad, incapacidad para estar con uno mismo, etc.

El modelo de pareja vencido

Los tiempos siguen cambiando y nuestras maneras de relacionarnos ya no están dando buenos resultados, por eso, en lugar de culpar al matrimonio, a la pareja o al destino, es urgente reconocer que nuestra manera de relacionarnos ya está vencida y nos exige algo nuevo.

El alto número de infidelidades, tanto masculina como femenina, nos indica que el modelo de hacer pareja fracasó, porque las personas terminan buscando, con culpa o sin ella, algo fuera de esa relación que no consiguen adentro, algo que quizá no saben qué es y, por ende, tampoco lo saben pedir.

Todos nuestros modelos han cambiado: tecnología, ritmo de vida, moda de vestir, costumbres, etc., pero el modelo de hacer pareja no ha cambiado y sigue repitiéndose de generación a generación sin actualizaciones. Cada vez hay más frustración porque buscamos algo que ya no corresponde con el mundo que vivimos hoy y con el tipo de amantes que somos.

Dejar ir lo que está vencido para experimentar algo nuevo implica un riesgo, pero creo que probar cosas nuevas siempre será un riesgo más sano que permanecer en una relación que no nos hace felices, aunque nos sintamos, relativamente, cómodos.

Nuestro problema para ser feliz en pareja no radica en el tamaño del amor o en la forma de ser de las personas. De hecho, ya sabemos que todos somos diferentes y que ninguna relación es igual a otra. También sabemos que la compatibilidad de dos personas no depende de que sean iguales ni de que piensen de la misma manera. Por lo que seguir buscando esa igualdad es lo que ha traído más frustración y distancia.

¿En dónde está la dificultad y, mejor aún, en dónde está la solución? El modelo de hacer pareja, a mi manera de ver, está pidiendo renovación, cambio y transformación. Pero insistir en lo mismo no es lo que traerá la innovación requerida.

Seguramente te estás preguntando a cuál modelo me refiero. Pues ese modelo que todos, consciente o inconscientemente, tenemos en nuestra mente y con el que salimos a construir la

relación de pareja. Un modelo basado en todo lo que he comentado en capítulos anteriores: la dependencia física y emocional hacia el otro, el miedo a quedarnos solos y la incapacidad para disfrutar mientras se está en pareja. Este es un modelo que vimos en nuestros padres o en las historias que nos contaron y que terminamos repitiendo.

Hoy en día, veo en mis consultas — y con gran evidencia— que las personas asocian la seguridad de poseer al otro con un amor puro e inmenso. Como lo expliqué anteriormente, confundimos posesión con amor. Celos con amor. Perseguir al otro con amor. Asfixiar con amor.

Yo también "amé" así, buscando en mi pareja una sensación de ser protegido a tal punto que nunca me dejaran. Tanto lo busqué que convertí mi relación en una especie de cárcel, de la que luego quise escapar pero, a la vez, permanecer. Toda una confusión con la que viví muchos años: "¿Me voy o me quedo? ¿Lo amo o no? ¿Es sano o no?". Así que terminé haciéndome esclavo del control, de la persecución y del fantasma a ser abandonado. No podía disfrutar mi relación de pareja y con razón, porque si estaba pendiente de todo lo anterior, pues me quedaba muy poco tiempo para cuidarla y disfrutarla. Y esta es una de las razones por la que una relación se debilita, le dedicamos más tiempo a controlar y a perseguir, que a generar un ambiente de confianza y disfrute que le permita a nuestra pareja estar en la relación y no desear irse. Es tan poco el tiempo que le dedicamos a conocernos que tomamos decisiones erráticas, no estamos conectados emocionalmente y eso nos lleva a equivocarnos y a sentir que no nos estamos llevando bien.

Por supuesto, después de hacer un trabajo terapéutico, yo descubrí la gran confusión entre amar y depender, amar y necesitar, amar y temer. Tenía todos esos verbos (temer, perder, morir, fracasar), producto del miedo, disfrazados del amor más puro y hermoso. Después de los tropiezos necesarios, fue que entendí que el miedo no se iría hasta que cambiara mi errada idea de lo que significa amar.

NI ESTAR SOLTERO ES ESTAR LIBRE, NI ESTAR EN PAREJA ES ESTAR PRESO

El modelo de pareja vencido nos exige actualizción y que se incluya la palabra compromiso, pero desde la libertad y no desde la privación de ella. Y aquí quiero hacer un énfasis al recordar que libertad no significa libertinaje. Ni compromiso significa una prisión con cadena perpetua. Libertad para ser quien soy, para expresarme con comodidad sin esconderme, para ser escuchado, para sentirme pleno sin sentirme asfixiado. Es necesario revisar y conversar con la pareja qué significado tiene para ella la palabra compromiso, libertad, matrimonio, etc.

A muchas personas les encanta pedir compromiso, les parece hermoso y hasta romántico, pero la palabra compromiso no tiene un solo significado. Tiene muchos, tantos como personas hay. Por eso, es importante aclarar qué es compromiso para ti y qué es compromiso para tu pareja.

Debo confesar que no hacía eso en mi relaciones, lo que me trajo muchos problemas. Hoy ya sé que para cuidar mi relación es mejor tomarme un tiempo para conversar sobre el significado de la palabra compromiso o cualquier otra como felicidad, fidelidad, negociación, etc. Solo cuando dos personas buscan un tiempo para conversar y escuchar es cuando pueden estar seguros de que ambos hablan de lo mismo. Y así hay más probabilidades de entenderse y llevarse bien.

Muchas personas están en una relación de pareja, pero no saben qué tipo de compromiso pueden esperar de esa persona, y más aun, no saben si están preparadas para asumir lo que significa dicho compromiso. La palabra, por sí sola, provoca temor en más de uno, pues implica responsabilidades que muchos no están dispuestos a cumplir. Sin embargo, existen otras personas que, lejos de comprender la palabra con connotaciones negativas, la asumen como confianza, tranquilidad y seguridad.

> **Si en una pareja, las palabras claves tienen significados diferentes para cada uno, es más probable que fracasen, ya que no están dispuestos a hacer las mismas cosas.**

Cristina quería un compañero de vida para su proyecto de pareja, pero lo quería para que estuviera día y noche a su lado, entonces conoció a Luis y, al principio, ambos estaban hechos el uno para el otro. Ella podía trabajar, dormir, convivir y pasar los fines de semana con él sin conocer la palabra fastidio. Eran felices compartiendo la mayoría de sus actividades uno al lado del otro... hasta que un día, Luis le planteó la necesidad de tener un espacio. Ya no quería están día y noche con Cristina.

— Hay otra mujer, doc. Estoy segura.

— ¿Por qué lo dices con esa seguridad? ¿Tienes pruebas?

— Me dijo que quería un espacio, que no nos viéramos tanto tiempo en el día, que quería extrañarme. Yo no soy tonta. Es obvio.

— No creo que seas tonta, Cristina. Lo que me parece es que estás asumiendo cosas sin tener las pruebas necesarias.

— Me dijo que se estaba aburriendo. Y nadie que ame se aburre.

Para Cristina, la idea de aburrimiento estaba ligada con la falta de amor. Cosa que no, necesariamente, es así. Una persona se aburre por muchas razones, no solo por la ausencia de amor.

Cuando Luis empezó con Cristina compartía con ella la idea de pasar todos los días juntos. Sentía y creía que ese era el "deber ser" hasta que su necesidad empezó a pedirle otras cosas, específicamente, otra dinámica. Cuando conversé a solas con Luis, pude entender mejor lo que estaba deseando encontrar en su relación. No quería cambiar de pareja sino cambiar la forma de su relación. El detalle es que no supo explicárselo a Cristina porque, en realidad, él mismo no lo tenía claro.

Suele pasar que, cuando las personas no tienen claro lo que buscan, se les dificulta expresarlo, pero todo empieza con una insatisfacción. Lo ideal en estos casos es indagar cómo es esa insatisfacción y así identificar lo que está buscando nuestra pareja para poder resolverlo.

A Luis le gustaba la idea de estar junto a Cristina pero, en este momento de su vida, deseaba un poco de espacio, no para alejarse de ella sino para extrañarla. El cambio que le proponía él a Cristina hizo aumentar en ella el miedo al abandono, y como él no supo explicar bien su necesidad y tampoco le comunicó que el amor hacia ella estaba intacto, Cristina entró en pánico asumiendo que la relación se estaba acabando.

Es normal y hasta sano que las relaciones cambien y evolucionen, así como lo hacemos nosotros. Me tomó varias sesiones descubrir por qué Luis aceptó esas condiciones al empezar su relación con Cristina. Me confesó que tenía miedo a estar solo y eso le hizo creer que también quería estar día y noche con su pareja, pero ahora, al darse cuenta de ello, quiere establecer qué tipo de relación desea tener.

Nos tocó trabajar en pareja para poner en orden muchas cosas. La primera era aclarar que no existía otra mujer, ni tampoco que el amor se estaba acabando y, menos, que el aburrimiento que sentía Luis era el fin de la relación.

Cuando trabajo con una pareja, lo primordial es que ambos estén de acuerdo en cuál es el problema que atraviesan, así se acercan más a la solución. Lo difícil es cuando cada integrante ve un problema completamente distinto, porque esa desconexión dificulta el proceso de entendimiento y el hallazgo de una solución. Muchas parejas fracasan porque no saben descubrir la verdadera razón de su problema y terminan tomando decisiones inadecuadas, entre ellas, la separación. Aquí lo que se planteó, para poder seguir juntos, fue reinventar y cambiar la relación a una nueva forma donde ambos se sentirían amados sin dejar de ser ellos mismos.

Cuando Cristina escuchó, de labios de su pareja, que la amaba, que no existía otra mujer y le contó, claramente, su propuesta

para seguir juntos, ella pudo entender, sin miedo ni drama, la oportunidad que se le estaba presentando a ambos en su camino de pareja con una nueva forma de relacionarse, de entenderse, pero uno al lado del otro.

ODA A LA LIBERTAD EN PAREJA

Este modelo vencido también está reforzado con la idea de hacer pareja "hasta que la muerte nos separe". Esta promesa, que hemos escuchado mucho y que luce muy romántica, puede ser percibida como una especie de encarcelamiento que, en vez de darnos tranquilidad y seguridad, hace que la sensación de libertad con que todo ser humano sueña se sienta amenazada.

Deseo compartir contigo la siguiente reflexión: Soy de los que cree que esa frase no es real, que la felicidad y satisfacción que sentimos en una relación es más importante que su duración.

La libertad, así como la felicidad, siempre han sido consideradas como algo positivo y deseable que todos queremos alcanzar. Por lo menos, en la teoría es así, pero caben las preguntas: ¿por qué hay más personas esclavas, infelices e insatisfechas? ¿Por qué hacen cosas que van en contra de ese deseo de ser libres y felices? Mi respuesta es porque tienen mucho miedo a ser libres. La libertad es una palabra que todos desean, pero nadie está dispuesto, emocionalmente, a asumirla, prefieren quedarse en actitudes pasivas, infantiles, pero muy cómodas, esperando que alguien los haga libres y, mientras esperan eso, se quedan protegidos en relaciones que otorgan seguridad.

Para sentirte libre no tienes que estar soltero. Ser libre es... entrar en un espacio de profunda honestidad contigo mismo donde puedes expresarte sin temor a ser censurado. ¿Cuántas personas podemos hacer eso? He visto muchas personas que no se atreven a contarle a su pareja lo que sienten por temor a no ser comprendidos o a ser rechazados. El problema es que luego, estas mismas personas, terminan mintiendo.

Ser libres es... dejar de creer que es mejor mentir que decir la verdad; entender que es mejor darle la oportunidad a tu pareja para que diga lo que siente u opina y, así, poder incluirla en vez de excluirla. Ser libre no tiene que ver con hacer lo que te dé la gana sin importar el otro.

> *Hay una definición de ser pareja que me gusta mucho: "Una pareja sana es aquella donde ambos integrantes saben qué esperar el uno del otro, se conocen los defectos y las virtudes, y, aun así, se eligen todos los días como compañeros de vida".*

Una de las cosas que más nos ata y, por lo tanto, nos hace menos libres, es nuestra necesidad de afecto ligada al apego y al miedo desmedido, pero eso no justifica que vivamos presos en relaciones que no queremos solo por miedo, porque llega un punto en que nos convertimos en esclavos de relaciones tóxicas.

Nos encerramos para estar en una relación, pero terminamos aceptando dolorosas infidelidades o cometiéndolas nosotros mismos. Aceptamos un aburrimiento y un fastidio, creyendo que ese es el destino inquebrantable de toda pareja y que no hay nada qué hacer para remediarlo. Empezamos a buscarle sentido a la relación de pareja teniendo hijos, cambiando de carros, planificando viajes, buscando escapes para disfrazar nuestras necesidades emocionales que aún no hemos identificado. Aceptamos peleas, gritos y maltratos como si no tuviéramos más opciones que estar soportando cosas que van en contra de nuestra integridad.

Ser libre es poder decidir por nosotros mismos. Estar en pareja no es perder la libertad de elegir, de expresar, de querer cosas ni, mucho menos, puede significar perder tu individualidad, porque si se pierde, tarde o temprano, se lo cobramos a la relación. La libertad y la pareja parecen enemigas y hasta excluyentes entre sí, pero creo que el reto está en descubrir cómo hacer que ambos conceptos dialoguen, para que puedan convivir en respeto y armonía.

Ser libre en pareja es un ideal maravilloso que todos quieren, pero la mayoría no sabe dónde está ni cómo se consigue. No existe la libertad si pretendes ser alguien que no eres. Ser libre no es un punto de llegada sino un camino que se recorre, día tras día, al lado de una persona. Es un verbo que se conjuga en tiempo presente y es en el presente que se puede vivir y disfrutar. Es ser honesto, saber qué quieres realmente y poder expresárselo a tu pareja.

Siempre recuerda, la vida, tarde o temprano, te devolverá lo que siembras. No por castigo sino por causa y efecto. Mentira llama la mentira. Honestidad y respeto llaman a la honestidad y al respeto. La única forma de vencer el miedo a la libertad es reconocer que somos nosotros los que hemos construido la cárcel en la que nos encerramos, por eso hay que evitar que la relación de pareja se convierta en una cárcel muy cómoda para escapar. Cuando nos libremos de esa creencia podremos o estaremos más dispuestos a descubrir que la relación de pareja es una aventura tan increíble como fascinante, donde no hay tiempo para aburrirse porque siempre estamos descubriendo el amor y la vida, de manera individual, y acompañados de esa persona que es un maravilloso espejo que nos refleja las cosas que necesitamos aceptar de nosotros, mejorar y celebrar.

Para finalizar este capítulo, te recomiendo que la próxima vez que te vayas a unir en pareja con alguien, en lugar de decir "hasta que la muerte nos separe" digan "hasta que nuestras ganas de querer, entendernos y disfrutar la vida juntos se acaben". Fíjate que no digo que el amor se acabe, porque desde mi punto de vista, no se trata de una cuestión de amor, porque el amor como ente vivo cambia y evoluciona, y en ese cambio dos personas pueden descubrir que ya no quieren seguir caminando juntas como parejas. En ese caso, toca decidir qué tipo de relación van a tener los dos una vez concluida la relación. Pueden ser buenos y grandes amigos, simple conocidos, o no tener ningún acercamiento.

¿Para qué quieres tener pareja?

He visto en consulta que las personas creen saber para qué tener una pareja y no es así. Las razones para tener pareja varían de acuerdo a la forma de ser de la persona, la edad que tenga, el momento histórico que está viviendo, la clase económica, el miedo a sufrir, la incapacidad de estar consigo mismo, etc. Todo el mundo dice querer ser feliz en pareja, pero muchos no están conscientes de que la felicidad de una persona es directamente proporcional a la satisfacción de las necesidades más importantes de esa persona. Voy a explicarme mejor.

Una persona que está cansada de vivir con necesidades económicas y quiera vivir con buenas comodidades buscará una pareja con la que pueda satisfacer ese deseo. Puede ser con una persona que la apoye o que la mantenga. Una persona que no sepa estar consigo misma, o que sienta mucho miedo de llegar a la vejez sin esposo e hijos, buscará una pareja con la que pueda cumplir esas metas. Hay mujeres y hombres que, cuando llegan a una edad donde la sociedad les dice que se "están poniendo viejos", terminan buscando pareja con una urgencia que no les permite seleccionar adecuadamente ese candidato, porque la prioridad es casarse y tener hijos. También existen mujeres que desean tanto ser madres que ven a la pareja como el vehículo necesario para lograrlo, es decir, buscan parejas para ser madres, criarlos y formar una familia.

Jennifer había pasado ya la barrera de los 30 años y en su discurso prevalecía la urgencia de casarse por miedo "a terminar vieja y sola". Así tal cual eran las palabras con las que se expresaba ella misma de su situación. No escogía bien a sus parejas, ya que, por una u otra razón, los asfixiaba y estos terminaban rompiendo el posible compromiso que empezaba a existir. De hecho, a la segunda salida, ya les daba la llave de su casa, según ella, para generar confianza y cercanía. Cosa que nunca fue percibido así por sus pretendientes. Poco a poco, su criterio de selección para elegir pareja dejó de ser exigente y se volvió cada vez más conformista. Un buen día asistió a mi consulta para decirme, con una felicidad innegable en su rostro, que se casaba. Su sueño estaba a punto de materializarse. Yo quise averiguar quién la acompañaría en su gran proyecto de vida para saber si tenía o no las cualidades que Jennifer comentó que no aceptaría, pero como ella misma

me dijo: "Doc, si me sigo poniendo exquisita, me voy a quedar para vestir santos, hay que ser flexible". Y se casó, tuvo sus dos hijos pero, después de algunos años — una vez lograda su verdadera meta con la pareja — aquellas características en las que, según ella, fue flexible, comenzaron a afectar la calidad de la relación, aparecieron dificultades en la comunicación, convivencia, tolerancia, etc.

Existen otras que buscan pareja no para hacer cosas sino para disfrutar la vida, este tipo de personas, con esa búsqueda, suele aparecer después de los 40 años, cuando ya han quemado, debidamente, las etapas previas y requeridas por la sociedad: estudiar, graduarse, casarse, tener familia, comprar casa, etc. Es común ver en mi consulta personas que, estando en pareja, viven fastidiadas de la relación y anhelan experimentar algo que no saben qué es. Ese inconformismo mal manejado los lleva a buscar aventuras externas, fijas u ocasionales, para distraer — nunca para llenar— esa carencia que no pueden saciar porque no saben qué es ni cómo es.

Lo que desconocen es que esa infidelidad o esa necesidad, a veces incontrolable de querer vivir aventuras, obedece a algo que les falta pero no necesariamente en la relación de pareja, sino en la relación consigo mismos. Es un deseo de ser libres de algo que los encarcela y que no comprenden bien. Sentir esa búsqueda de la libertad la considero válida, siempre y cuando, se establezca el significado de liberad en este momento. Definir dónde está esa sensación de libertad empieza por reconocer lo que ya no quieres en tu vida. Quizás eso que ya no deseas te llenó y te hizo muy feliz en el pasado, pero hoy se venció y es momento de buscar nuevas experiencias. Eso es un indicativo de que estás cambiando, evolucionando y, dentro de ese cambio, entran nuevos deseos, ganas de nuevas experiencias, nuevos puntos de vista... y cuando esos puntos de vistas anuncian su vencimiento y no son renovados, adecuadamente, empieza la sensación de encarcelamiento porque insistes en aferrarte a ellos. Y yo me atrevo a decir que más que probar cosas nuevas es saber hacia dónde quieres encauzar tu vida hoy. Claro, es normal que, a veces, necesites probar para ir descartando qué cosas sí y qué cosas no son las que quieres.

El vencimiento de las cosas es una señal muy clara de que debemos seguir creciendo, aprendiendo y evolucionando. Cuando empezamos a ver esas señales con respeto y con claridad, la vida deja de ser un problema y se convierte en una aventura deliciosa, un camino lleno de sorpresas, donde siempre ocurre lo que necesitamos para crecer y que, si nos resistimos a esos cambios, sufrimos el triple.

Hay que tener cuidado con pensar que cambiar de pareja es la solución. En algunos casos, puede funcionar esa medida, pero en otros, el cambio de pareja lleva a repetir el mismo patrón vencido, pero con una persona nueva. Por supuesto que si estoy inconforme con mi vida voy a sentir esa misma inconformidad con todas mis relaciones, pero reclamarle a la relación no es el camino más expedito para encontrar la salida. La salida a nuestras dudas está dentro de nosotros.

Sé que no nos enseñaron a reconocer nuestras dudas ni a conversar con nosotros, sino más bien a buscar fuera de nosotros, pero eso ya no es una justificación. Creo que es momento de aprender a conocernos, de estar dispuestos a mirarnos sin juicios ni críticas sino con respeto y comprensión. Es necesario dejar de buscar atajos y escapes momentáneos que dan respuestas tan fugaces como falsas. El evitar la tentación de culpar a la pareja puede ser el primer paso para averiguar qué quieres en este momento de tu vida y de asumir la responsabilidad. Y ahí, en ese momento, es cuando estamos más cerca de encontrar la respuesta. Lo saludable es empezar a preguntarnos qué está pasando, qué cosas han cambiado en nosotros, qué nos mueve hoy en día, qué nos apasiona y qué cosas queremos experimentar.

EVOLUCIONAR EN PAREJA

Pilar y Eduardo tenían una relación de 24 años. Esta cantidad de tiempo implica que cada uno sufrió transformaciones propias de la edad, que se vieron reflejadas en los diferentes tipos de relaciones que vivieron dentro de la misma. Aunque hayan estado juntos durante esos años, la base del nexo fue

el aburrimiento y el fastidio porque lo que ayer era interesante para ambos ya luego dejó de serlo con el pasar del tiempo. Eso es normal y forma parte de la evolución. El reto de toda pareja es saber entender cuándo la relación está vencida y debe reformarse antes de quedarse aferrados o negarse a cambiar por miedo a perder lo construido. Y eso fue lo que les pasó a Pilar y a Eduardo.

Les voy a contar brevemente su historia. Al principio, ellos se encontraron para salir de sus casas y formar un hogar libre y feliz. Así con esas palabras ellos describieron la razón que dio inicio a su relación. Esa poderosa razón los llevó a enamorarse el uno del otro y funcionaron. Como todo evoluciona, Pilar y Eduardo empezaron a querer cosas que no sabían cómo explicar, pero sentían la necesidad. Estaban felices de lo que habían logrado, pero empezaron a tener aventuras ocasionales y fugaces al margen de la relación. Eran episodios sin trascendencia afectiva, pero representaban un escape. Es más, ambos sabían que los dos tenían esos escapes, pero nunca lo discutieron porque, aun cuando ellos funcionaban como un buen equipo ante las situaciones difíciles de la vida, les costaba hablar entre ellos de ciertas necesidades individuales por un tema de vergüenza y culpa. Lo cierto es que ellos prefirieron, por un tiempo, cargar la culpa y seguir con los escapes antes de atreverse a afrontar su verdad.

Así crearon un círculo vicioso: ellos sentían un vacío, pero tenían miedo de hablarlo porque creían que podían perder su hogar. Al evitar hablarlo aumentaba el vacío y eso hacía que recurrieran a los escapes... Hay que destacar que en las otras áreas, Pilar y Eduardo funcionaban muy bien, se entendían, se respetaban sus diferencias y esa convivencia los invitó a quedarse juntos todo ese tiempo. Pilar, que era más arriesgada que Eduardo y más curiosa, decidió descubrir qué se escondía detrás de sus escapes. Para hacer el cuento corto, se encontró con que ella había querido vivir fuera del país desde que era niña, vivir fuera de su casa, independiente, lejos de las costumbres familiares (familia conservadora) que no compartía y nunca se había atrevido por miedo. ¿Miedo a qué? Justamente miedo a ser libre y vivir eso que tanto había soñado, la libertad de poder vivir en otro país, de cumplir esa meta y atreverse a

dar el salto. Pilar no sabía que ese sueño había estado dormido todo este tiempo, ni podía creer que eso que tanto quería le daba también tanto miedo, a tal punto que la llevó a aferrarse a su relación con Eduardo, la seguridad que le daba su espacio con él. Sin embargo, las ganas de ser libre estaban allí y las sacaba a ventilar, de vez en cuando, en esos episodios que la dejaban con un sentimiento de culpa y más vacío.

Esto cambió totalmente la situación de Pilar con respecto a Eduardo. Lo dejó de culpar a él, dejó de culpar a la relación de lo que le faltaba a ella. La que quería irse era ella, no él, entonces se responsabilizó por cumplir lo que se debía. Por consecuencia, también dejó de poner el foco en Eduardo y lo colocó en ella. Salió a flote lo que no se veía mientras ella culpaba a Eduardo: su miedo a no sentirse capaz de salir a conquistar lo que quería. Se descubrió llena de miedo, asustada, demasiado acomodada en su zona de confort, una comodidad que no pudo seguir sosteniendo. Lo que vino a continuación fue un trabajo fortaleciendo su seguridad, su capacidad y su independencia.

Seguramente creerás que tus razones para tener una pareja son obvias y muy claras, pero en mis años de consulta privada he comprendido que no es así como se supone. La gente cree saber lo que quiere y no siempre es así. La gente adquiere cosas y no sabe la verdadera razón del porqué las compra. Sienten que las necesitan cuando en realidad no es así. También existen personas que desean estar sanas y hermosas, pero llevan una dieta alta en carbohidratos, azúcares y grasas. Saben que fumar hace daño y, sin embargo, continúan haciéndolo.

Lo mismo sucede con la elección de la pareja. Salen buscando con una claridad absoluta, pero terminan atrapados en una relación que no es la que desean, pero aun así, siguen empecinadas en permanecer allí esperando que cambie o mejore algún día. Y hay personas que prefieren quedarse solas.

Muchas veces conversas con esas personas y están conscientes de que esa relación es tóxica, que sufren y que lo más conveniente es alejarse, pero hay una fuerza más grande — que la misma conciencia— que les hace elegir el sufrimiento en contra de su propia voluntad. Esto me lleva a concluir que una

cosa es la que decimos querer y otra muy distinta es la que terminamos eligiendo de manera inconsciente.

Para resolver esto, es necesario hacer un trabajo terapéutico donde la persona conozca muy bien su inconsciente o su saboteador interno y desde ahí tomar las riendas de su vida, ya que las verdaderas tomas de nuestras decisiones las hacemos desde el inconsciente.

Cuando veo este tipo de situaciones, me pregunto si se está realmente preparado para tener una pareja y ser feliz con ella. Por mi profesión, me gusta mucho conocer las historias de amor que viven las personas para observar, analizar y entender sus conductas. Saber por qué eligen lo contrario a lo que desean y es cuando la siguiente reflexión aparece: A veces pareciera que es más fácil sufrir que ser feliz.

Muchas de las decisiones ocurren automáticamente y sin que se involucre nuestra conciencia. Esto ayuda a que nuestra mente no se sobrecargue, pues le ahorra tareas rutinarias. Sin embargo, cuando se trata de tomar decisiones, asumimos que quien las toma es nuestra mente consciente, pero eso está errado.

— Si una mujer desea tener una pareja soltera donde ella sea la esposa y futura madre de sus hijos, ¿por qué se enamora de un hombre casado, con hijos y sin deseos de querer separarse?

— Si un hombre divorciado, padre de dos hijos, que quiere enamorarse de nuevo y no tener más descendientes ¿por qué se fija en una mujer soltera, que sí quiere tener hijos y que sí quiere un hogar como el que ya no le interesa tener a él?

— Si una mujer cansada de atraer hombres infieles cada vez que decide intentarlo, ¿por qué se fija en hombres que tienen dificultad para darle exclusividad y que tienen una adicción a seducir constantemente?

No hay duda de que las personas estamos conscientes de todas las cosas buenas que tienen las relaciones de pareja sanas, así como lo estamos de lo beneficioso que es hacer deporte, dejar de fumar y tener una buena alimentación. Sin embargo, hay algo de lo que no somos conscientes que nos empuja, muchas veces, a hacer lo contrario. Encontrar esa ganancia o esa necesidad oculta que reside en el inconsciente nos acercará a dejar de estar anhelando lo que aún no tenemos ni a quedarnos resignados en relaciones que no merecemos.

Sin embargo, es la falta de **autoestima** la que hace que la persona se quede con lo que no desee, que elija anhelar en lugar de alcanzarlo, o quedarse a la mitad de lo que quiere. Siempre he tenido la convicción de que aun cuando puedo trabajar con parejas, lo que yo hago es fortalecer, primero que nada, la autoestima de cada uno de ellos de forma individual. La situación de la relación de pareja no es el problema, sino la consecuencia. La causa está en lo que piensan y sienten cada uno de los integrantes y no lo tienen consciente. Indagar hasta descubrir cómo es la autoestima de ellos me da la información de porqué están construyendo ese tipo de relación.

Aprende a pedir lo que quieres y necesitas

07

Danilo había llegado a mi consulta porque quería ser feliz en pareja, pero para "hacerlo bien" decidió prepararse lo suficiente antes de intentarlo de nuevo, pues no quería fallar. Que alguien se prepare me parece sensato, pero mi curiosidad me llevó a preguntar en qué consistía su preparación.

— Leo los libros de autores en la materia, asisto a distintas charlas del tema, veo tutoriales en YouTube, etc.

— ¿Y cuándo sabrás que estás listo para atreverte?— le pregunté.

— Cuando sienta que llegue el momento— respondió con seguridad.

— ¿Y cómo reconocerás que ese momento llegó? ¿Cómo sabes que ese momento no es ahora?

Obviamente, él no tenía claro cuál y cómo sería ese momento. Detrás de esa necesidad de prepararse se ocultaba, de manera eficaz, el miedo que tenía de fallar.

Hay muchas teorías que intentan definir las relaciones de pareja, pero ninguna se compara con el aprendizaje que te da el experimentar una relación. La mejor manera de aprender a hacer pareja es estando en una. Y si en este momento no tienes una, pues salir con alguien, tener una conquista o un pretendiente puede ser una buena manera para que veas cómo son esos obstáculos, esos miedos, esas oportunidades, en fin, todo lo que necesitas saber.

Si estás en pareja actualmente y es con esa persona con la que quieres intentarlo, siéntate primero contigo a solas y responde las siguientes preguntas: ¿Qué estabas buscando cuando conociste a esa persona? ¿Qué querías sentir y vivir? Recuerda muy bien para qué querías tener esa relación y porqué la escogiste.

Ahora quiero preguntarte si esa persona que estaba a tu lado sabía que tú querías eso de ella. ¿Esa persona estaba clara de lo que tú buscabas en esa relación con ella? La honestidad de la respuesta es fundamental para aclarar cuáles serían los pasos a implentar a la hora de intentarlo nuevamente.

Uno de los obstáculos más frecuentes para lograr que dos personas se entiendan en una relación es que lo que yo busco en el otro, este lo desconzca. Y lo que el otro busca en mí, yo lo desconozca. Si ninguno de los dos sabe, con exactitud, qué buscan, no hay que ser adivino para saber que esa relación no será muy exitosa que digamos.

Todos sabemos hasta el cansancio la importancia de una buena comunicación a la hora de construir una relación de pareja, pero aun así, el mayor problema que he encontrado es que no saben cómo hacerlo. Hay un refrán que dice: "Hablando se entiende la gente", y eso es falso. Dos personas pueden hablar, pero eso no garantiza que se entiendan. Hablar no es suficiente. Es necesario que aprendamos a expresar con exactitud y sin vergüenza lo que deseamos del otro. No nos enseñaron a pedir con claridad y, en muchos casos, esperamos que sea el otro el que adivine y si este no acierta, llegamos a pensar que no nos ama lo suficiente porque no sabe lo que queremos. Eso, además de ser muy injusto, le hace mucho daño a la relación.

Así me lo dijo Rita cuando, en una de sus consultas, le pregunté por qué su pareja no sabía lo que ella deseaba de él: "No le puedo decir todo lo que deseo porque no quiero que me vea como una persona conflictiva y exigente. Quiero que me vea relajada, que le provoque estar conmigo sin problemas".

Para Rita, expresar con claridad lo que esperaba de su relación la hacía ver como una persona exigente y conflictiva.

— Es que ustedes los hombres ven a las mujeres así.

— ¿Quién dijo eso?

— Los hombres lo dicen.

— ¿Cuáles hombres, Rita?

— Los que he conocido y algunas amigas mías lo dicen.

Rita juzgaba a todos los hombres por una creencia suya que se basa en los dos o tres hombres que había conocido en su vida y

en los novios de algunas de sus amigas. Algo muy dañino no para la imagen de los hombres, sino para su posibilidad de encontrar pareja. Tampoco se daba cuenta de que expresar sus deseos no sería lo que la convertiría en conflictiva, más bien se estaba convirtiendo en una mujer sumamente estresada, ya que ella esperaba que su pareja adivinara cuáles eran sus deseos. Cosa que no estaba ocurriendo porque Manuel, su pareja, hacía otra cosa muy distinta a la que ella esperaba en silencio.

Llegó la hora de conocer a Manuel en consulta. La historia que vivía era igual de complicada, pues lo que lo unía a Rita era la desinformación. Como era de esperarse, Manuel no tenía la menor idea de lo que quería su pareja y él, buscando desesperadamente complacerla y agradarla, ponía todos sus esfuerzos en hacer lo que suponía que a ella podía gustarle.

— ¿En qué te basas para escoger esas ideas para conquistar a Rita?

— Eso es lo que les gusta a las mujeres.

— ¿Quién lo dijo?

— Varios de amigos dicen que eso es lo que les encanta a las mujeres.

La posibilidad de éxito de Manuel estaba puesta en la experiencia de sus amigos y en los gustos de las mujeres de estos amigos. Hay que recordar que a quien quería conquistar Manuel no era a esas mujeres sino a Rita. Al no acertar en sus intentos, las expresiones de ella eran de desagrado. Esto aumentaba más la frustración de Manuel quien, en las últimas semanas, prefirió no intentar más nada por temor a fallar.

— Si no estás logrando los resultados deseados, ¿por qué no le preguntas a ella directamente lo que le gusta? A fin de cuentas, es ella a quien quieres enamorar.

— ¡Nooo! Si le pregunto voy a verme como un inexperto y eso me hace ver inseguro y débil. Puedo alejarla más y más de mí.

El miedo a fallar lo ponía aún más en riesgo, al estar tratando de acertar, en vez de ser asertivo. Era más importante adivinar que ser asertivo.

Resumen: El miedo de Rita a verse como una mujer conflictiva hacía que no expresara lo que deseaba en una relación y el miedo de Manuel por verse como un inexperto hacía que no preguntara, sino que prefiriera adivinar para ver si acertaba. Ella terminó pensando que Manuel no la quería de verdad. Y él terminó pensando que no era suficiente para conquistarla a ella. Cada uno con su propia historia en su cabeza, lo que les hacía alejarse de lo que más querían, pues, aunque sus intenciones eran muy buenas, su falta de claridad y el miedo de expresarse estaban acabando con todo.

Cuando llegó la hora de hacer terapia juntos (ya no por separado) y estando conscientes de la historia de ambos, los invité a que escucharan lo que estaba pensando el uno del otro y que aún no se habían atrevido a decirse.

Surgió el alivio: Manuel supo que preguntar no es signo de inseguridad sino de claridad y decisión. Rita supo que expresar con claridad lo que se desea no es ser conflictivo. Y con esto fue más que suficiente para entenderse.

> *Solo cuando empecemos a decir lo que deseamos, sin vergüenza, ni miedo, podremos tener la garantía de que el otro sabrá lo que esperamos. Pedir, en lugar de esperar a que adivinen, y preguntar, en lugar de suponer, son buenos caminos que nos ayudarán a entendernos mejor como pareja.*

Esta necesidad de suponer o callar para que adivinen viene de conductas que aprendimos de niños donde, quizá, nos negaron el derecho a pedir y el derecho a preguntar, pero recordemos que ya no somos niños, ahora somos adultos y podemos adoptar otras maneras más saludables de responder y relacionarnos con el otro.

El espejo

08

La pareja es un misterio y mientras intentamos descifrarlo aprendemos a conocernos. Todos queremos casarnos, unirnos o comprometernos, pero la mayoría no sabe qué hacer el día después de casarse o unirse. Es como querer algo que deseas mucho y cuando te llega, no sabes qué hacer con eso. Para los que hemos estado en una relación, podemos concluir que la vida en pareja no es idílica como en los cuentos de hadas, pero tampoco es terrible como muchas veces la pintan.

Las personas que están a tu alrededor solo son espejos maravillosos que la vida te obsequia para que veas cómo eres y qué cosas puedes mejorar hasta llegar a ser la mejor versión de ti mismo. Si no te sientes bien con la relación que tienes, no es suficiente pelear con ella o cambiar de pareja. Si tienes unos kilos de más no te sirve de nada pelear con el espejo, ni mucho menos cambiarlo, puesto que ninguna de las dos opciones hará que luzcas más delgado. Terminar esa relación y comenzar otra con alguien distinto para mejorar es sencillamente imposible, ya que vivimos en un mundo donde siempre tendrás que relacionarte quieras o no, y siempre encontrarás a alguien que te mostrará lo que puedes cambiar en ti. Es posible que no quieras verlo, es posible que pases un buen tiempo dándole la espalda o quizá se te vaya la vida sin querer hacer el trabajo, pero siempre tendrás la oportunidad de hacerlo. Si quieres o no, la decisión siempre será tuya.

¿Cuántos de nosotros hemos estado en una relación donde nos hacían sentir poco o nada importante? Muchos también pasamos buena parte de la vida preguntándonos qué hemos hecho para merecer esto. "¿Por qué tengo esta pareja si yo quiero a alguien distinto que me quiera y me valore?". Un tiempo después de empezar mi trabajo de crecimiento personal, descubrí lo que hoy creo que es mi filosofía de vida: Solo tendré la relación que me trate de la misma manera que yo me trato (consciente o inconscientemente). Si yo no me amo, nadie más lo hará. Yo puedo decir que quiero lo mejor en una relación de pareja, pero, si en el fondo creo que no lo merezco, pues no lo tendré. Y debo confesar que pasaron muchos años para darme cuenta de que aquella pareja que tuve la había elegido para mostrarme cómo yo mismo me trataba, cómo yo mismo no me daba el lugar y el respeto que le pedía constantemente.

Esa ceguera — producto de mi baja autoestima— era la que me hacía permanecer ahí esperando a que llegara lo que nunca iba a llegar porque yo no me sentía merecedor. Mi baja autoestima era mucho más fuerte de lo que yo quería admitir. Hasta que, harto de tanta insatisfacción, una parte de mí, esa parte sana que siempre he tenido — y que todos tenemos de distintas maneras—, me hizo decir: "¡Basta. Hasta aquí. No más!". Esa parte es la que me motivó a poner límites y a no seguir permitiendo abusos y maltratos en distintas situaciones en mi vida. Hoy agradezco a esa pareja por haberme enseñado todo lo que viví. Fue necesario para darme cuenta de la forma en que me trataba y así dar pequeños cambios para mejorar mi autoestima, poco a poco. Claro, solo puedo sentir agradecimiento porque lo perdoné y, sobre todo, me perdoné. Si no hubiera vivido esa experiencia no hubiera aprendido a seleccionar de una manera distinta a mi siguiente pareja. De hecho, la siguiente me hizo sentir querido y respetado, porque yo había empezado a respetarme primero. Con esta pareja me tocó aprender cosas nuevas y valiosas.

Las parejas son espejos donde nos vemos para entender cosas de nosotros mismos que no podemos ver, pero que son necesarias para trabajarlas.

Te invito a hacer un ejercicio. Toma lápiz y papel y haz una lista de las personas que han estado en tu vida en relación de pareja. Anota todos aquellos que hayan sido significativos en tu vida, sin importar si la relación fue larga o no. Ahora imagina que cada una de esas personas era un espejo donde te tocó mirarte. Coloca el nombre de las personas y al lado coloca la enseñanza que vinieron a mostrarte.

Hacer pareja es un camino donde, aun cuando vamos acompañados por el otro, nos vamos descubriendo individualmente. Nada te lleva a conocerte más que una pareja. Nadie crece solo. Es necesario estar con otro, por eso las relaciones son vitales para desarrollarnos. Es hermoso, pero asusta mucho porque desconocemos cómo se hace, y ese deseo de querer hacerlo bien y no equivocarse es lo que hace que no disfrutemos más. Esa necesidad de no equivocarse le quita la aventura y diversión que tiene el hecho de hacer y ser pareja.

Si no tuviéramos tanto miedo a que nos dejaran o a equivocarnos, podríamos saborear mejor cada relación y quién sabe si durarían más y tendrían más calidad. Hacer pareja es probar, errar, acertar, volver a probar, volver a fallar, volver a acertar. Es más, el camino correcto es el que tomamos y con el que aprendemos. Ningún camino te enseña nada que tú no estés dispuesto a aprender. Ninguna pareja te enseña nada que no quieras aprender.

Seamos claros, si queremos encontrar, en una relación, la magia de un cuento de hadas, lo más seguro es que nos estrellemos porque la realidad no se lleva bien con esos cuentos. Toca preguntarse: "¿Qué es la realidad?". Algo que no es terrible ni espeluznante. El hecho de que no tenga ese halo de magia que tienen los cuentos, no quiere decir que carezca de belleza. La belleza y la magia de una relación verdadera — llámese verdadera aquella que no busca ser un cuento de hadas— se encuentra en el trabajo en equipo que sus dos integrantes son capaces de hacer en el día a día. Ahí ocurre ese tipo de magia que proviene del fruto del trabajo y la comprensión. Cuando ambos deciden aprender a manejar sus diferencias, a tal punto que estas no interfieren en la convivencia, podemos hablar de magia. Cuando ambos saben que el tener puntos de vista distintos no impide que sean felices, sino que deciden encontrar un camino donde ambos estén unidos, cada uno con sus respectivas opiniones, eso es magia.
Cuando los dos están dispuestos a dejar de querer tener la razón con tal de cuidar la relación eso es magia.

En los cuentos de hadas, la magia que une a la pareja ocurre por algo o alguien externo que no depende de los integrantes. En realidad, la felicidad de esas personas está a merced de algo que ellos no pueden decidir ni cambiar. En las historias reales, la pareja puede tomar las riendas de su historia y reescribirlas tantas veces como sea necesario, y eso les da un poder al saber que su felicidad siempre estará en lo que ellos, como equipo, decidan y no en lo que les suceda.

En la vida real hay hombres y mujeres reales, conscientes y adultos que tienen detalles de príncipes y de princesas, pero sin dejar de ser humanos. Las personas pueden aprender a

resolver juntos los conflictos que se vayan presentando, saber que tanto uno como el otro tienen defectos con los que se deben convivir, siempre y cuando, se respeten. Recordar que tanto tú puedes vivir sin mí, como yo puedo vivir sin ti. Y sabiendo que no nos vamos a morir sin el otro, que si estamos juntos es por amor y no por dependencia o miedo.

LA PAREJA QUE TIENES O HAS TENIDO ES LA QUE TE MERECES

Pareciera que es inevitable que el ser humano no cambie hasta que no haya sufrido lo suficiente. Cuántos años tienes que seguir aguantando una relación tóxica para darte cuenta de que el problema no es ese hombre o esa mujer, sino tu excesiva dependencia hacia ella o tu dificultad para alejarte de ella. Es esa necesidad, que muchas veces llamas amor, la que hace que esa persona y esa relación esté a tu lado.

Somos nosotros y no nuestras parejas los que permitimos distintas situaciones en la vida. Pero para poder elegir la felicidad tenemos que descubrir qué es lo que nos hace aceptar la infelicidad y la insatisfacción. Es importante concientizar que hay una contradicción entre lo que dices querer y terminas eligiendo. Esa contradicción habla de la fractura interna que existe dentro de ti. Quieres una persona que te respete y valore y terminas enamorado de un hombre que es adicto a la infidelidad y que además no reconoce que tiene un problema.

Nadie te está impidiendo ser feliz sino tú mismo al desconocer tu poder interno, creyendo que tu vida depende de lo que otros te den o te quiten. Entender dicha fractura o baja autoestima es el primer paso para ir avanzando y liberarte de lo que hasta ahora te esclaviza. No hay nada que te esclavice más que amar más a tu pareja que a ti mismo.

El tema del merecimiento es algo que siempre me ha gustado, porque muchas personas creen merecerse algo diferente que lo que tienen, cuando en realidad lo que tienen en su vida, actualmente, es lo que de verdad merecen. El merecimiento no

está en lo que decimos sino en lo que tenemos. Ese dicho que reza "creo más en los hechos que en las palabras" aplica para entenderlo de manera acertada. Lo que tienes, lo que haces y lo que muestras es lo que más habla de ti, de tu autoestima y de lo que realmente crees merecer.

Si yo te pregunto: ¿qué cosas tienes en tu vida que crees que no te mereces? Ahora responde, sin pensar mucho: ¿Por qué crees que esas cosas que no mereces están en tu vida? ¿A qué le atribuyes que estén? La explicación que le des es muy importante porque eso te mostrará cuáles y cómo son esas creencias inconscientes que necesitas trabajar para poder encontrar las cosas que sí mereces.

Todo lo que tienes en tu vida en este momento, te guste o no, es porque sientes y crees merecértelo. ¿No lo crees?... Espera, antes de seguir negándolo, antes de seguir quejándote, te invito a que consideres la posibilidad de que cada una de esas cosas están en tu vida porque las estás permitiendo sin darte cuenta. Si no es así, ¿por qué están en tu vida entonces? Mientras más pronto las aceptes, más pronto podrás irlas despidiendo para darles la bienvenida a las que sí quieres. Claro, es importante que sepas que eso toma tiempo, pero la buena noticia es que si empiezas a cambiar ya estarás avanzando hacia dónde quieres llegar e irte preparando para recibirlo.

> *Lo mismo aplica para las relaciones de pareja que has tenido hasta hoy. Cada persona que ha estado en tu vida y con la que has vivido una historia de amor, sea cual sea, habla también de tu merecimiento. Nadie puede entrar a tu vida si tú no lo permites.*

Recuerdo que mi primera pareja formal, seria e importante fue con la que tuve mayor carga de sufrimiento y con la que quise vivir muchos años. Cuando digo seria e importante, me refiero a la trascendencia que tuvo en mi crecimiento. Esa pareja me mostró, de manera clara, cómo yo no me valoraba ni me respetaba como persona. Creía más en él que en mí. Bueno, en

realidad no era que yo creyera mucho en mí, pero lo cierto es que lo convertí en un Dios para mí y eso hizo que me anulara más y más. Cabe destacar que él no fue quien me anuló, fui yo quien lo hizo. Cuando endiosas a alguien, tiendes a empequeñecerte tú para que esa otra persona se haga más grande y le entregas tu poder para que haga lo que quiera. En resumen, esa fue la forma de amar y de relación que construimos juntos. Por supuesto, años después de anularme, entendí que lo único seguro era sufrir, ya que nunca me valoraba, siempre pensaba solo en sus prioridades, las cosas se hacían de acuerdo a su conveniencia y su comodidad; cuando discutíamos y peleábamos, jamás mostraba interés en tenerme a su lado, sino que era yo el que siempre buscaba rescatar la relación. Tampoco voy a decir que no me quería, estoy seguro de que sí, pero su amor no era lo que yo necesitaba y me acostumbré a vivir con ese déficit afectivo, esperando algún día sentirme pleno. El anhelo de esa plenitud es lo que para mí era estar en pareja.

Enemigos que nos impiden avanzar

09

PESIMISMO

Todos sabemos que con pesimismo es muy difícil lograr lo que queremos, pero aun así, sin darnos cuenta, somos más pesimistas de lo que creemos. Confiamos más en la probabilidad de que nos irá mal en la vida que en la probabilidad de que nos irá bien. Todos manejamos un discurso lleno de optimismo, pero eso solo es un discurso aprendido.

Detrás de todo eso hay una conversación interna con miedo a que algo negativo nos ocurra, que quizás no podamos resolver. La incertidumbre, una de las tantas características que tiene la vida, es percibida con mucho pánico. Si bien es cierto que la palabra incertidumbre indica un desconocimiento de lo que va a ocurrir, en pocas ocasiones la incertidumbre es percibida 50% positiva y 50% negativa. Al contrario, le otorgamos el porcentaje mayor a la posibilidad negativa. Esto describe el poder del pesimismo que, en muchas partes, es hasta cultural, se nos enseña a temer antes de confiar. El futuro se percibe como una amenaza y esto explica, de alguna forma, el miedo a cambiar y a salir de la llamada zona de confort.

Muchos sueñan y desean una pareja ideal. Su discurso es rico en características de cómo quieren que sea esa persona y el tipo de relación que desean construir, pero cuando analizamos la confianza de estas personas en lograrlo, el discurso optimista se cae porque, dentro de ellos, alberga el miedo de no conseguirlo y, si lo hacen, piensan que no será bueno. El problema no es ser pesimista, sino creer que no lo somos. Las relaciones de pareja, como ya sabemos, están llenas de momentos alegres y felices, pero también contienen obstáculos, retos y adversidades que se superan de acuerdo con el grado de pesimismo que manejen cada uno de los integrantes.

Mientras más hermosa sea la pareja que soñamos, la duda de lograrlo o no, dependerá también del grado de pesimismo que se tenga: "¿de verdad yo podré lograr una pareja de esas dimensiones?" y otra pregunta que surge: "¿y si la obtengo, podré sostenerla evitando que se caiga?". No nos atrevemos a afrontar ese miedo y preferimos llenarnos de un optimismo falso,

nos adentramos a una relación con ese miedo guardado, propenso a salir en cualquier momento.

> **Seguramente te estarás preguntando si el pesimismo tendrá que ver con el autoestima y, ciertamente, sí están relacionados. A mayor autoestima, menor carga de pesimismo y mejor manejo del mismo.**

Una vez me dijeron que cómo evitar ser pesimista si en la vida siempre existirían motivos para serlo. Yo creo que hay razones válidas tanto para ser pesimista como para ser optimista, pero cada quién escoge cómo manejarlo.

Glenda vino a consulta por primera vez porque, sin previo aviso, su marido le había pedido el divorcio diciéndole que ya no la amaba. Como era de esperarse, el mundo de Glenda se le vino abajo, su vida carecía de sentido para ella y no sabía cómo empezar a reconstruirla. Ante este escenario, lo primero era averiguar qué había pasado. Cómo una relación de 15 años, aparentemente, estable y feliz se viene abajo tan repentinamente. Lo cierto es que ambos la dejaron caer. Él por no decirle lo que estaba pasando con sus sentimientos y ella al no darse cuenta de que algo estaba pasando. Yo siempre he creído que nadie deja de amar de la noche a la mañana y que nadie se entera de que la relación está deteriorada de un día para otro. Por eso considero que la mujer, en este caso Glenda, tenía que haber notado alguna señal de la falta de interés que su esposo estaba sintiendo. Ella juraba que no se había dado cuenta, hasta que un día, en una de las consultas, recordó lo que había ignorado como mecanismo de protección inconsciente: las señales de descuido y desamor de Luis.

Una forma pesimista de asumir una ruptura es "pobre de mí, yo no lo merezco, por qué yo, etc.", y una forma optimista de ver las cosas es hacerse estas preguntas:

— ¿Hay algo que yo pueda hacer para rescatar esta relación?

— ¿Fui yo quien falló? ¿En qué fallé?

— ¿Quiero, de verdad, rescatar esta relación?

— ¿Qué aprendí de ella?

— ¿Hoy soy mejor que antes porque lo viví?

— ¿Qué quiero de una nueva relación?

— ¿Qué no estoy dispuesta a negociar en la próxima relación?

Por supuesto, que este trabajo optimista llegó mucho después de que Glenda elaborara su proceso de duelo y cicatrización de las heridas emocionales que le había causado esa ruptura. Después vino un periodo de negación a intentarlo de nuevo, un deseo a estar sin pareja por un tiempo. Esta decisión, muchas veces, es aconsejable para revisar un poco qué es lo que se desea de una nueva relación o no. Luego en el proceso, Glenda más recuperada y más segura de sí misma hoy se está dando una oportunidad.

CULPAR AL OTRO

Teresa vino a verme a mi consulta porque no aguantaba más las infidelidades de Carlos, su pareja. Una situación que ha venido aguantando por más de 15 años. Lo grave del problema, según ella, era que su pareja no quería hacer nada por aceptar dicha conducta y mucho menos por cambiarla.

— Mi marido está enfermo, es un infiel incorregible y no sé qué hacer.

— Yo creo que sí sabes qué hacer, pero no estás preparada para hacerlo— le comenté para ver su reacción.

Y sí, claro que ella sabía lo que tenía que hacer: dejar esa relación donde había permanecido por tanto tiempo esperando un cambio.

— ¿Por qué Carlos no vino contigo a esta consulta, si este es un problema de los dos?

— Él no va a venir porque no quiere reconocer que tiene un problema. Pero yo sé que el problema es su infidelidad y quiero que me digas cómo puedo ayudarlo.

— Si bien el problema de la infidelidad es de tu esposo, también es tuyo, Teresa.

— Yo no he sido infiel.

— Estás enamorada de tu esposo y tu esposo es un infiel, de hecho, no puedes dejarlo, por eso has estado soportando esa situación en contra de tu voluntad. ¿No te das cuenta de que tú también tienes un problema?

Teresa creía que el problema le pertenecía solo a Carlos porque ella no era infiel. Lo que no percibía era que esa permisividad y pasividad, disfrazada de amor y tolerancia, era la que impedía que Carlos buscara ayuda a su problema porque sabía que su esposa siempre aguantaría esa situación.

Una de las conductas favoritas de las parejas es la de culpar al otro de los problemas que está atravesando la relación. Si bien es cierto que esto es bastante común, no es para nada sano, ya que no ayuda a fortalecer el trabajo en equipo. Se necesitan dos personas para enamorarse, dos personas para construir o descuidar una relación, y se necesitan dos para rescatarla y fortalecerla. Cada vez que culpas a tu pareja, sucede que te vas quitando tu propia responsabilidad de poder cambiar o mejorar la situación.

Yo sé que los problemas y conflictos, muchas veces, no se pueden evitar, pero sí se pueden manejar con asertividad, cuidando la actitud que se asume frente a ellos. Esa actitud de culpar al otro te debilita, considerablemente, y eres tú mismo — y no el otro— el causante de ese debilitamiento. Estamos más acostumbrados a ser víctimas de las circunstancias que protagonistas de ellas. Nuestra mente repite, una y otra vez,

este hábito — así como la actitud pesimista— y, aunque al principio cuesta romper con eso, es necesario hacerlo. ¿Cómo? Pues, en vez de dejarnos guiar por estos impulsos automáticos, el primer paso es vencer la tentación de culpar a nuestra pareja de lo que pasa. Ahí empieza el proceso de desaprender lo aprendido. Otra de las consecuencias de culpar al otro es que, al sentirse constantemente atacado, terminará por defenderse y ahí empezará una guerra de culpables que no beneficia a nadie.

En el caso de Teresa, ella no era la infiel, es verdad, pero asumir una actitud resignada le llevó a aguantar por tanto tiempo, lo que contribuye, de alguna manera, a agravar el problema. Ella solo se limitaba a quejarse y a amenazar con irse de la relación, pero en las quejas y en los reclamos no están las soluciones. La supuesta comprensión y aguante de Teresa le hizo sentir a Carlos que ella siempre lo aceptaría y, como nunca cumplió la amenaza de irse, se sintió cómodo y eso lo llevó a no trabajar su problema. La dependencia de Teresa por Carlos hizo que nunca cumpliera su amenaza de dejarlo y él menos dejó de cometer infidelidades.

Cuando una pareja deja de culparse y se responsabiliza por las cosas que hay que hacer para superar el conflicto, la relación empieza a estar en buenas manos. La estabilidad emocional de una pareja radica en la madurez de cada uno de sus integrantes, madurez para sustituir la palabra culpa por responsabilidad. Lo que le sucede a una pareja no es culpa de ellos sino su responsabilidad y juntos deben aceptar las consecuencias de sus actos, buscar el entendimiento y la resolución.

Nos enseñaron a tenerle tanto miedo a equivocarnos que preferimos no hacernos cargo de nuestras responsabilidades. La mayoría fuimos muy criticados y lastimados cada vez que nos equivocábamos y eso hizo que nos costara asumir errores, por eso sentimos que la mejor manera de librarnos de esa culpa es trasladar la responsabilidad a los demás.

Una buena manera de reparar el daño es ver esos errores como oportunidades para mejorar. Como eso no existió en nuestra crianza, es oportuno empezar a hacerlo ahora de adulto.

Cambiar ese hábito para tener nuevas y mejores experiencias, además de reconocer nuestras fallas y errores, los cuales, no definen la calidad de persona que somos, pero lo que hagamos con esos errores, sí lo hará.

Nuestros errores son una buena excusa para responsabilizarnos de nuestra vida. Para ello, hay que perder el miedo a cometerlos y eso se logra viendo el aprendizaje que hay detrás de cada uno de ellos. Cada vez que niegas haber cometido un error, también estás negando el aprendizaje y recuerda que solo creces cuando aprendes.

Si estás con una pareja maltratadora, debes preguntarte qué haces con ella. Si estás con alguien infiel, ¿por qué lo atrajiste? ¿Si estás con una pareja que no se expresa y que no habla, por qué la elegiste? Tomemos en cuenta algo, la pareja que esté contigo siempre hablará de tus asuntos sin resolver y hasta que no los resuelvas continuarán repitiéndose una y otra vez. Nadie está con la pareja equivocada. Todos estamos con la pareja que necesitamos para crecer. Puedes elegir entre sentirte víctima y dejarte arrastrar por la frustración que te generan las circunstancias externas o ser protagonista de tu propia existencia, asumiendo que esa pareja es tu espejo y te está mostrando algo que primero debes cambiar en ti.

Martina era una paciente que tenía ya bastante tiempo sin pareja. Ella quería atreverse, pero algo hacía que no apareciera nadie. Cuando empezamos a revisar el porqué de esa ausencia, ella culpaba a los hombres porque no querían compromisos, que solo se le acercaban hombres casados y que no existían hombres con las mismas ganas de enseriarse como ella.

— ¿No te parece curioso, Martina, que todos los hombres con los que te has relacionado últimamente estén casados y los que están solteros no deseen una relación seria?

— Sí, me parece raro, pero también he pensado que es el destino que quizá me está protegiendo para evitar que vuelva a sufrir.

Por supuesto, que en ese discurso había mucha razón, pero su necesidad de culpar a los hombres por no querer comprometerse y esa supuesta protección ante un nuevo sufrimiento, me llevó a investigar lo que se escondía detrás de todo ese discurso: una excusa perfecta para no atreverse de nuevo.

— Pero ese destino en el que tú crees es un poco injusto. Te está protegiendo de un nuevo sufrimiento, pero también te está alejando de la posibilidad de tener una pareja y ser feliz con ella.

Martina culpaba a su destino de protegerla, pero y ¿qué pasaba con los otros hombres que estaban solteros y sí estaban disponibles para un compromiso serio? Mientras ella siguiera "protegida" con su creencia, ese seguiría siendo el resultado de su búsqueda.

Aún en las circunstancias más adversas, cuando las ganas de una pareja por permanecer juntos son fuertes, estos hacen lo que sea con tal de poder entenderse, y no pierden tiempo en culparse mutuamente, porque saben que todo lo que pasa, desagradable o no, **es una oportunidad para seguir creciendo** y seguir desarrollándose individualmente y luego en pareja. Aceptemos que atraemos a la pareja perfecta para sanar las dinámicas familiares no resueltas, para mejorar la imagen que tenemos de nosotros mismos, o para sanar ese niño interno que está herido, pidiendo ser atendido y querido por un adulto, que en este caso somos nosotros.

Te voy a regalar un ejercicio, uno de los tantos que existen para atender al niño interior. Cuando yo lo hice no me imaginé que me iba a sentir tan bien. Realmente fue después de un par de años que pude sentir el regalo de hacerlo.

Escribe en una hoja todos los deseos que no te cumplieron durante toda tu infancia y adolescencia. Escribe todas las cosas que quedaron pendientes que te regalaran. ¿Qué querías tener? ¿Qué querías recibir? Escribe todo lo que te acuerdes. Vas a anotar con lujo de detalles cuáles eran esos deseos y vas a comprometerte a cumplirle, de alguna forma, cada uno de esos deseos a ese niño. Sé que habrá deseos que ya no se

podrán cumplir, pero la mayoría de alguna forma sí, por lo menos simbólicamente. Tan solo con el hecho de que recuerdes esos deseos y sientas la intención de complacérselos, ya estarás dando un paso para hacer feliz a ese niño, que no es otro que tú mismo.

Seguramente te estarás preguntando qué tiene que ver el niño interno y sus deseos inconclusos con el trabajo de hacer pareja. Pues, tiene mucho que ver. Ese niño o esa niña que se acostumbró a que sus deseos no se cumplieran terminó creyendo que no era merecedor de la mayoría de las cosas. Esa creencia, esa misma sensación pudiera estar ahora interfiriendo en tu deseo de poder construir una relación de pareja sólida.

"SER ÚTIL PARA QUE NO ME DEJEN"

"Ser útil para que me necesiten y así no me dejen nunca". Esta urgencia por sentirse útil para la pareja es lo que muchas personas asocian con sentirse amada porque piensan "si no me necesitan, entonces no soy valioso y, por lo tanto, no soy digno de amar ni ser amado".

Estas personas son las que terminan estableciendo relaciones madre/hijo o padre/hija, donde la dependencia domina el vínculo y donde la persona deja de ser pareja para volverse el niño o la niña indefensa que necesita ser cuidado y atendido. Cada día sus demandas son más grandes, por más que su pareja haga esfuerzos para satisfacer sus necesidades, estas nunca estarán satisfechas porque, en el fondo, lo que anhelan es el amor que no recibieron de sus verdaderos padres. Por otra parte, el otro integrante de la relación renuncia a su rol de pareja para caracterizar al padre o a la madre y ahí se consolida una relación afectiva que, si bien puede ser fuerte, no es de pareja.

He visto muchas parejas que funcionan bajo este esquema. Cuando digo "funcionar" es que permanecen por mucho tiempo y están cómodos en esa dinámica. Mientras en una pareja,

ambos estén de acuerdo en ese vínculo y no sientan deseos de cambiarla, pues van a seguir sin problemas, sin embargo, debo señalar que, aunque estén juntos, no se tratará de una relación de pareja sana o funcional.

El golpe o fractura de ese tipo de relación aparecerá cuando uno de los dos decida dejar de jugar el rol o de padre-madre o hijo-hija. Ahí es cuando aparece el enfrentamiento de una mujer que quiere seguir relacionándose con su pareja viéndolo como un hijo, y la pareja que ya no quiere seguir siendo ese hijo, por lo que debe buscar a otra mujer.

SACRIFICIOS

Muchas veces hemos escuchado que cuando amas a alguien debes sacrificar cosas. Incluso, nos han enseñado que el sacrificio es una hermosa forma de demostrar el amor. Sin embargo, ese culto al sacrificio sigue siendo muy practicado por parejas sin saber el verdadero daño que esto genera en la relación.

Es importante no confundir esfuerzo y trabajo con sacrificio, son dos cosas muy diferentes. Sacrificarse es dejar de hacer algo e implica dolor, molestia y sufrimiento. Es verdad, en la vida todo tiene un precio, pero ese precio nunca puede ir en contra de lo que somos, de nuestros valores, de lo que creemos. Hay precios que más temprano que tarde terminan destruyendo la relación: chantajes, manipulaciones, querer tener la razón siempre, ceder constantemente. Lo más saludable es que el precio invertido en el trabajo de construcción de una relación de pareja sea la gratitud, la admiración, más amor, el respeto, mayor consideración, detalles, sorpresas, etc.

El problema surge cuando el sacrifico implica precios inadecuados, que no son acordados en pareja y nos quitan la libertad de ser lo que somos. Estos precios, al final, son cobrados de manera destructivas como traiciones, maltratos, mentiras, insatisfacciones, quejas, críticas destructivas y reclamos la mayor parte de la convivencia.

Antes de caer en el sacrificio o la imposición, mi sugerencia es que aprendan a negociar y hacer acuerdos. El arte de negociar es fundametal en las relaciones de pareja. Muchos no saben qué es negociar, dialogar y, así como confunden los términos de trabajo con sacrificio, confunden negociar con convencer al otro.

Nadie que realmente te ama puede pedirte que te sacrifiques por él ni por nadie. Y si tú de verdad te amas, tienes el deber de saber cuál es el límite para no caer en el sacrifico. Si alguien te pide que dejes de ser tú, entonces **no** es a ti a quien ama, sino a una persona distinta que no eres tú. Esa claridad de saber hasta dónde puedes llegar en la relación de pareja sin traicionarte es fundametal para poder ser feliz en cualquier relación. La invitación es a buscar los puntos medios donde los dos quepan y sean escuchados, donde el dar y recibir mutuo esté presente desde el primer momento de sentarse a conversar.

Yo sé que no es fácil. Lo más común es imponerse, convencer al otro, querer tener la razón. La idea es dejar los hábitos que nos alejan de hacer pareja sanamente y que aprendamos nuevos hábitos más amorosos.

10

Lo que mis padres me enseñaron

La relación de pareja sirve también para mostrarnos esos fantasmas que permanecen como sombras de las relaciones no sanadas con nuestros padres. Además, para lograr una relación satisfactoria y duradera con nuestra pareja **se deben sanar todas las carencias afectivas generadas por la vivencia con ellos,** los vacíos emocionales deben ser, en un primer momento, reconocidos y luego reconstruidos, para poder amar al otro sin dependencia, sin pasarle facturas y vivir en libertad.

Ya sabemos que nuestros primeros maestros que nos mostraron cómo eran las relaciones de pareja y familiares fueron nuestros padres. Ellos, con la historia que vivieron, nos enseñaron cómo era, supuestamente, la vida, y aceptamos eso como verdad única y absoluta durante nuestros primeros años. Y lo hicimos ya que necesitábamos sobrevivir y no teníamos el criterio necesario para reflexionar, decidir otra cosa, discernir y finalmente elegir.

> *Este capítulo no busca culpar a nadie. Nada más lejos de la realidad, ya que no somos quiénes para cuestionar lo que los demás hicieron en su vida afectiva. Más allá de que estemos de acuerdo o no con la forma de relacionarse que eligieron nuestros padres, debemos respetar las decisiones que tomaron.*

Muchos de nosotros vinimos de matrimonios disfuncionales y hasta bastante tóxicos. Los míos fueron un ejemplo. La inmadurez que tenían cuando se conocieron y se casaron no ayudó a que hubiese una feliz convivencia que, en mi caso, me tocó presenciar. Crecí viendo una relación de pareja que vivía más en discusión que en armonía, con un padre más ausente que presente y una madre más inconforme que satisfecha. Ese fue el modelo que yo vi y entendí como pareja. Sin embargo, a medida que iba creciendo veía que existían otros tipos de matrimonios completamente diferentes a los de mis padres. No sé si más felices o no, pero diferentes. Veía a padres y madres que vivían juntos, pero eso no era garantía de felicidad en sus caras. En otras sí lo veía. Incluso, también me encontraba con

una mujer divorciada pero feliz. Total que no entendía mucho si la felicidad de la persona estaba en pareja o divorciada. Aunque vi varios ejemplos, siempre el referencial y el que tomé como base fue el que mis padres me enseñaron: peleas, discusiones, ganas de estar fuera de la casa, etc.

Te invito a que recuerdes cómo fue la relación de pareja que tú viste en tus padres. Antes de responder esa pregunta, recuerda muy bien cómo eran ellos como pareja, no como padres, son dos cosas muy diferentes. Anota lo primero que te llegue a la mente, puede ser con palabras o, si lo deseas, puedes hacerlo con frases.

Según lo que hayas escrito eso es lo que para ti ha determinado la calidad de tus relaciones. Quizás, conscientemente, hayas decidido no hacerlo igual que yo. Tal vez con una determinación férrea pudiste haber jurado que tú ibas a construir una relación distinta, sana y perfecta, pero es probable que hayas terminado repitiendo esa u otra relación muy diferente a la que habías jurado construir. Es normal que hayas tenido ese resultado, porque tu inconsciente está programado con el ejemplo que viste en tus padres. En este caso, no hay que desanimarse, el destino amoroso de tus padres no tiene que ser el tuyo, que lo que hicieron ellos es una de las tantas formas de amar que existen. Además, si no estás de acuerdo, puedes aprender a amar de una manera nueva, distinta, que se parezca más a lo que quieres.

NO CULPAR A LOS PADRES

La tendencia es culpar a los padres por ser los maestros de tales enseñanzas, pero ahí no se encuentra la solución que te va a acercar hacia lo que quieres. Culpar no es más que distraer o retrasar el aprendizaje para hacerlo distinto. Recuerda, si naciste en un hogar donde la pareja no era feliz no fue tu culpa, pero, si hoy de adulto, la relación que tienes es exactamente igual a la de tus padres, entonces ahí sí eres responsable.

Evitar la tentación de culpar es la primera recomendación. Cuando eliges a una pareja, la elijes tú, no tus padres. Todas

las decisiones en cuanto a la convivencia y al tipo de relación las tomas tú con tu pareja, no tus padres. Así como deciden repetir ese patrón, que quizá no es el más conveniente para ustedes, también recuerden que tienen la posibilidad de hacerlo distinto.

PEDIR PERMISO

Cuando estamos programados tendemos a repetir lo que vimos en casa y es difícil desprogramarse de lo aprendido, pero ahí está el trabajo: desobedecer la enseñanza sin sentir que estamos dejando de amar a nuestros padres. Lo que estamos cambiando es una conducta, un hábito, pero no el vínculo. En unos estudios de Constelaciones Familiares, que hice en un momento de mi vida, descubrí que pedirles permiso a nuestros padres para hacerlo diferente a ellos, de una manera simbólica, es una buena manera de irle diciendo a nuestra mente que estamos dispuestos a hacerlo diferente, pero que seguimos amando a nuestros padres por lo que son, aunque haya aspectos con los cuales no estemos de acuerdo. Eso se llama respeto. Respeto por las formas de amar de los demás. Respeto es amor.

Por supuesto, que yo no escapé de culpar a los míos y el resultado no fue nada favorecedor. De hecho, en mi decisión de hacerlo me alejé físicamente de mis padres, pensando y creyendo que la distancia me salvaría de una supuesta "maldición". Sí, lo confieso, llegué a creer que era una maldición hasta que después entendí que era una programación. Pues la distancia no me salvó de nada, lo que me trajo fue culpa y más culpa por estar despreciando a dos seres que quería. Entonces me encontré en una encrucijada. Si me alejaba de mis padres para ser feliz en pareja, me quedaba con culpa de ser un mal hijo. Si me quedaba cerca de ellos, me sentía un buen hijo, pero no lograba ser feliz en pareja. Mi supuesta felicidad me hacía perderlos y el tenerlos a ellos implicaba renunciar a mi felicidad. Como verás, tenía una verdadera novela en mi cabeza que no me dejaba en paz. Este fue otro tema que me motivó a investigar con mi terapeuta.

Después de conversarlo en varias sesiones, descubrí que, además de la novela que tenía en mi cabeza, había otra posibilidad más justa y más amable que me acercaba a mi deseo de ser feliz en pareja y seguir disfrutando el amor de mis padres. Entendí que lo que me estaba haciendo daño era la rigidez de decidir un camino u otro, cuando en realidad lo que tenía que soltar no era a mis padres, sino la programación inconsciente de que ese era el modelo de pareja que yo tenía que seguir. Descubrir eso me hizo ver la libertad, aunque no supiera cómo lo haría, pero fue como ver la reja de la cárcel abierta y me tocaba ir hacia ella.

¿CÓMO HACERLO DISTINTO?

Nos dijeron cómo hablar, cómo caminar, cómo comer, cómo casarnos, qué religión deberíamos profesar, qué carrera universitaria estudiar, etc. Estamos acostumbrados a que nos digan cuál es el camino para seguir y descubrimos que el crecimiento implica caminos desconocidos de los que nunca nos hablaron, pero que, queramos o no, nos toca enfrentar y asumir los riesgos. El miedo a equivocarnos, la incertidumbre de no saber qué nos puede pasar es lo que más nos asusta. Y esa es la razón por la que muchas personas prefieren tomar el camino aprendido y recorrido de sus padres, antes que asumir el peligro aunque no les dé los resultados deseados.

Hay quienes prefieren quedarse en relaciones con personas que no aman solo por cumplir un requisito social, por una comodidad económica o por miedo a desobedecer mandatos familiares. Hay otras que permanecen en relaciones tóxicas por miedo a quedarse solas, otras que se quedan en esa relación supuestamente por los hijos, pero terminan teniendo relaciones extramatrimoniales y hay otras que se quedan solas sin intentarlo de nuevo por miedo a sufrir. El miedo es válido, pero tiene su precio. Quedarte en una relación que no deseas con alguien que ya no amas como pareja termina siendo muy triste, y lo peligroso es que terminas acostumbrándote a vivir con esa tristeza y asocias vivir con estar triste.

Otro caso particular, son aquellos que prefieren quedarse a cuidar sus padres y renuncian a tener su vida en pareja, ceden todo su tiempo y atención a ser "padres" de sus padres o a ser compañeros sentimentales de sus padres solo porque no pudieron o no supieron resolver su propia incapacidad de ser pareja. Este último caso es recíproco de los padres hacia sus hijos. Los padres, al fracasar en su intento de ser feliz en pareja, renuncian a esa etapa y corresponden a encargarse de sus hijos o a dejar que sus hijos se encarguen de ellos.

Como dije al principio de este capítulo, no hay juicios ni reclamos hacia la forma de hacer pareja que pudieron tener nuestros padres.

Ahora vamos con un nuevo ejercicio. Toma papel y lápiz. Haz unas cuantas respiraciones profundas y responde:

— ¿Qué cosas crees que copiaste de tu padre (como pareja) que hoy tienes y no te gusta?

— ¿Qué cosas aprendiste de tu madre (como pareja) que hoy tienes y no te gusta?

— ¿Qué cosas aprendiste de tu papá (como pareja) que hoy día te gusta?

— ¿Qué cosas aprendiste de tu madre (como pareja) que hoy en día te gusta?

Según hayan sido tus respuestas, ahí tienes algunos aspectos de ti que puedes cambiar y otros que puedes conservar porque te ayudan y son útiles para tu construcción de relación en pareja. No todo es tóxico, no todo es negativo. Saber identificar dónde está el aprendizaje que quieres guardar y el que quieres desechar, te brinda un panorama más alentador y esperanzador a la hora de construir relaciones de pareja saludables.

Cuando me tocó hacer este ejercicio, pude ver más opciones dónde elegir, tuve más claro cómo iba a recorrer el camino y, lo más importante, me hizo ver cosas que hice en el pasado que ya no quise seguir haciendo.

¿Qué tipo de amante eres?

11

Es tan importante saber quién eres como amante, qué quieres en este momento de tu vida, qué cosas no son negociables para ti y cuáles sí. Saber cómo quieres ser amado y cómo puedes amar hoy. Estas son preguntas que nunca se hacen, ni a los 20 años ni a los 50 y, justamente, la ausencia de esas preguntas es la que nos ha dificultado la posibilidad de poder elegir, con conciencia, mejores parejas y construir mejores relaciones. El riesgo de no hacernos esas preguntas hace que transitemos el camino sin un rumbo fijo, sin instrucciones acerca de cómo afrontar los obstáculos. Puede ocurrir que haya personas que, sin hacerse estas preguntas, puedan coincidir y se entiendan sin dificultad con el otro, pero si no hay una brújula que los oriente, la relación puede fracasar en cualquier momento por la ausencia de esta claridad.

> *Ante todo, quiero resaltar que, antes de salir a buscar una pareja, de casarte de nuevo, de irte a vivir con alguien, de tener hijos, etc., lo principal es que definas cómo es el proyecto de pareja que quieres en este momento de tu vida.*

¿Un proyecto de pareja? Sí, un proyecto, un camino, un norte, un sueño. A mí me ha resultado mucho más fácil conservar la relación de pareja teniendo claro el proyecto que quiero. Eso me da la claridad de saber cuáles son los pasos que voy a dar a continuación y cuáles son los que debo evitar para no poner en riesgo mi relación. Pero ese punto lo desarrollaremos con más profundidad en los próximos capítulos del libro. Por los momentos, solo pido que reflexiones un poco acerca de todo lo que has vivido hasta el día de hoy en cuanto al amor. Revisa los ejercicios que te he sugerido hacer. Las respuestas que allí has plasmado te darán una idea sobre qué tipo de amante eres hoy.

¿Recuerdas cómo amabas a los 20 años? ¿Qué sentido tenía para ti hacer pareja? ¿De qué eras capaz a esa edad? ¿Y a los 30 años, cómo amabas? ¿En qué consistía una relación a esa edad? Para los que tienen 40 años, ¿cómo vives el amor? Hazte esas preguntas, según las edades que hayas tenido o según las

parejas que hayas amado, y verás cómo tu manera de amar ha evolucionado y ahora eres un amante diferente. Conocer a ese amante es un buen paso que puedes dar en este momento y, sin duda, te ayudará a saber qué esperar de una relación y qué no.

He conocido personas en consulta que quieren experimentar, a sus 45 años, las mismas sensaciones que cuando tenían 18 años de vida y eso es imposible, porque la persona que tenía 18 años ya no existe. Solo podemos amar según la edad que tengamos y según lo que hayamos aprendido de las historias vividas. Esto no quiere decir que uno no se pueda enamorar de nuevo con ilusión, no, claro que no, la ilusión la podemos tener pero, siempre y cuando, esta no nos haga despegar los pies del suelo y nos haga ver como no somos. Por ejemplo, hay parejas que hoy no quieren casarse de buenas a primeras, sino que prefieren vivir juntos un tiempo para ver cómo es la convivencia antes de dar ese paso. Eso es respetable y válido. Hay personas que no quieren vivir con nadie, solo ser novios y que cada uno viva en su casa, se vean y compartan cuando las ganas así lo requieran. Esa es otra forma bastante válida y aceptable. Mientras que hay otros que quieren casarse de nuevo, como la primera vez, con todos los preparativos, cosa que también respeto.

La forma de la relación que quieres, en este momento, la va a definir el tipo de amante que seas hoy. Entender que no eres el mismo y que no puedes amar de la misma manera te evitará tropiezos innecesarios, pero debes cerciorarte de que tus deseos sean tuyos y no sean producto del qué dirán o de tu preocupación por quedar bien con los demás.

Parte II

ÁMATE

Cuando hay autoestima hay una relación sana

12

Ahora que ya dispones de ciertos conocimientos para saber qué cosas te han alejado de establecer relaciones sanas, podemos pasar al siguiente tema: EL AMOR PROPIO Y CÓMO AVANZAR.

Hacer pareja tiene que ver más con un trabajo práctico que teórico. Hacer pareja es probar, ensayar, fallar, revisar, corregir, ajustar, volver a empezar hasta ir consiguiendo lo que buscamos. Solo podrás conseguir eso que buscas aprendiendo de los errores cometidos en relaciones anteriores, sabiendo qué tipo de amante eres en este momento, qué camino vas a recorrer, para luego elegir quién te va a acompañar y todo eso desde el amor propio.

Todos queremos que la relación dure eternamente y, sobre todo, que seamos felices en esa eternidad. Esto, aunque es hermoso, ya debemos saber que no es realista. Lo que es real es trabajar, día a día, para que esa relación sea lo más sana posible. Que exista amor entre las dos personas tampoco es suficiente para garantizar una relación de calidad. El amor no lo puede todo y es injusto colocarle, sobre sus hombros, responsabilidades que no le corresponden. Hay cosas que pertenecen al amor, pero cada uno de los integrantes tiene su cuota de responsabilidad.

Para lograr una relación sana, es necesario cuidar dos cosas: Tu autoestima y luego construir un proyecto. Soy un creyente de la importancia de tener una sana autoestima para poder alcanzar todo lo demás. Puedes tener muchos deseos, muchas metas y hasta puedes desarrollar miles de estrategias, pero el que las alcances solo dependerá del tamaño y la salud que tenga tu autoestima. Y detrás de tu autoestima está el merecimiento. ¿Cuánto crees que mereces la pareja que deseas?

Para intentarlo de nuevo y mejor es importante fortalecer la autoestima de los dos integrantes. La pareja es la unión de dos personas aparentemente diferentes, con dos historias familiares que se complementan, pero que se unen para resolver un conflicto uno al lado del otro. Nadie se une con la persona equivocada. Nadie se fija en la persona inadecuada. Cuando dos personas se encuentran y deciden vivir una historia — no

importa la duración que tenga— es porque sus almas necesitan conocerse para elegir sanar (evolucionar) o permanecer atados al conflicto sin resolverlo.

La calidad de la relación habla de la calidad de la autoestima de sus integrantes. Para lograr una pareja con buena autoestima es necesario que ambos trabajen **individualmente.**

¿QUÉ ES UNA PAREJA CON AUTOESTIMA?

Mi objetivo es lograr despertar en ti — independientemente de que tengas pareja o no en este momento— la importancia de tener una buena y sólida autoestima a la hora de construir una relación.

Quiero contarte lo que para mí significa la autoestima. He leído que se manejan otras tesis que sostienen que una autoestima sana pertenece a una persona que no se equivoca, que tiene todas las respuestas ante cualquier adversidad, que no tiene momentos difíciles, que no sufre nunca, que no siente miedo, que no lo para nadie, que nada lo doblega ni lo derrota, etc. Con todo respeto, creo que esas características no pertenecen a la condición de un ser humano, ya que un ser humano tiene derecho a sentir miedo, duda, tristeza, rabia o frustración. Esas son emociones tan válidas como la alegría, felicidad, entusiasmo, esperanza, etc. La autoestima sana no puede desconocer ninguna de las emociones humanas, sino más bien aceptarlas, pero con el debido manejo inteligente.

Cuando me refiero a una persona con buena autoestima, no estoy hablando de un ser perfecto, al contrario, hablo de una persona consciente de sus virtudes, pero también de sus defectos o, mejor dicho, oportunidades de crecimiento. Lo que es un defecto para ti, para mí puede tener una interpretación distinta. Un defecto es una oportunidad para ser una mejor persona. Y, como lo expliqué en capítulos anteriores, si algo tienen las relaciones de pareja es que son el espacio perfecto para sacar a relucir esas características mal interpretadas y

poder transformarlas, otorgándoles otra mirada más humana y comprensiva.

Una persona con buena autoestima no tiene reparos en aceptar que siente celos, envidia o rabia, pero sabe que, para poder superarlos, primero debe aceptarlos, luego desmontarlos y ver qué es lo que se esconde detrás de esos celos, envidia o rabia. Cuando identificamos dichas razones, logramos que esos sentimientos pierdan poder en nuestras vidas. Una persona con autoestima sabe que el sentimiento de inferioridad no tiene que ver con el otro, sino con la opinión y la imagen que se tiene de sí mismo. Una vez que se tiene conciencia de que los otros no son más que un espejo, se sabe que la solución no está en botar el espejo o cambiarlo por otro, sino que la solución está en nosotros. Aceptar que las demás personas pueden tener opiniones adversas o no, pero que son solo eso: opiniones.

Cuando tienes esto consciente, tu manera de relacionarte con el otro, de hacer pedidos, de llegar a acuerdos toma otra forma.

La autoestima tiene más valor dependiendo de la comprensión que siento por los aspectos de mi personalidad que no son tan positivos. Esa comprensión habla de una buena autoestima. En las situaciones de felicidad y éxito es muy fácil tener autoestima, pero, sin duda, es en los momentos difíciles donde se pone a prueba su valor, porque es ahí donde es necesaria.

En resumen, la autoestima es que seas capaz de respetarte y quererte en las buenas y las malas, y que tu concepto de valor no disminuya, aunque cometas errores, aunque las cosas no salgan como esperas, o cuando sientas miedo e incertidumbre ante una encrucijada.

Ahora, en cuanto a la pareja, según como sea tu autoestima así elegirás tu relación de pareja. Muchos de los desencuentros es porque les cuesta aceptar que la otra persona tiene un punto de vista diferente, lo cual imposibilita ponerse en sus zapatos para entender que su forma de pensar no es mejor o peor, sino simplemente distinta. Muchas personas con problemas de autoestima empiezan una guerra a muerte para convencer

al otro que piense igual. En este caso, parece más importante ver cómo hay personas, cuyo sentimiento de inferioridad o insatisfacción consigo mismo, puede llevarles a desvalorizar a su pareja con tal de sentirse superiores o ganadores, olvidando lo más importante: que una pareja con autoestima no es aquella que piensa igual — cosa que es prácticamente imposible— sino aquella que sabe escucharse y entenderse, gracias a que piensan diferente. ¿De qué nos sirve tener la razón si no tenemos una buena relación?

Una pareja con autoestima no necesita desvalorizar al otro para tener ese sentimiento de superioridad que necesita. Ambos saben que ninguno de los dos es mejor que el otro, sino que cada uno, de acuerdo con su forma de ser, tiene un valor único. Insisto, una pareja con autoestima sabe reír, llorar, se asusta, disfruta todo lo que le sucede sin perder su fe en la vida y en su capacidad de seguir adelante para estar mejor que antes.

Seguramente te estarás preguntando si eso es posible y si a mí me consta. Y mi respuesta a ambas preguntas es sí. Por eso trabajo en lo que hago, porque creo que el ser humano puede tener la vida que desea, siempre y cuando, esté dispuesto a trabajar con disciplina y entusiasmo por ella, y por eso me atreví a escribir este libro.

> *Ser pareja es mucho más que el enamoramiento de la primera etapa, por eso, en mi opinión, lo primero y más importante radica en comprender que la felicidad en la relación de pareja es un trabajo personal más que en conjunto.*

PRIMERO ÁMATE PARA PODER AMAR A OTRO

Tú eres el único dueño de tu vida. Créeme. El día que decidas aceptar eso, tu vida cambiará y no lo hará porque dejen de sucederte cosas, no, cambiará porque habrás entendido que lo importante no son los eventos que te suceden sino lo que haces al respecto y eso marcará, definitivamente, tu vida. Es decir, nos van a suceder cosas que no estarán en nuestro control, pero la manera que reaccionemos a ellas sí depende de nosotros. Ahí reside el verdadero poder personal. Nada te puede destruir a menos que tú lo permitas. Ese respeto te hará el verdadero dueño de tu vida.

Recuerda esto siempre: las cosas o te hunden o te fortalecen... Y si lo olvidas, pues vuelve a recordarlo. Un ser con autoestima se hace dueño de su vida, asume el control de sus decisiones y sabe que la única persona que nunca le puede faltar es él mismo.

Quererte no quiere decir que no necesites a nadie. No tiene que ver con eso. El ser humano nació solo y nos vamos a morir solos, es verdad, pero mientras estemos vivos vamos a necesitar las relaciones de pareja para crecer, aprender y sacar la mejor versión de nosotros. El que necesitemos la presencia de una pareja no implica que tengamos que subordinarnos a los caprichos del otro, ni que dependamos de ellos a tal punto de anularnos. Tampoco implica que seamos nosotros los que maltratemos, ni que nos pongamos por encima, mucho menos que evitemos tener pareja para no correr ningún riesgo. Ninguna de esas alternativas es necesaria para evitar sufrir en pareja. Lo mejor es aprender para no cometer los mismos errores para tener la calidad de vida que todos merecemos y podemos tener.

En esta parte del libro se deja claro que es necesario que te ames, te respetes y te valores primero para que puedas hacer eso mismo con la pareja que elijas. Cuando tienes miedo porque no sabes quién eres ni cuánto vales, le entregas todo tu poder al otro para que te dé ese valor y, casi siempre, es muy

inferior al que realmente tienes. Eso te lleva a terminar escogiendo parejas maltratadoras, descalificadoras o que casi nunca te hacen sentir pleno y amado, porque, de hecho, tú no te sientes así.

A las personas que no les gusta la pareja que tienen no se dan cuenta que esa pareja está porque, inconscientemente, es lo que ella siente que se merece. La pareja es del mismo tamaño de la autoestima que tengas. Mientras más pronto aceptemos esto, más pronto vamos a mejorar nuestra selección de pareja.

Hay mujeres que soportan las infidelidades de sus parejas sin poder hacer nada, y se enorgullecen al decir "yo no soy infiel, yo soy muy fiel y leal", y resulta que aguantar esa situación es también una manera de ser infieles a sí misma.

De hecho, muchas personas dicen quererse como son y no es del todo cierto. Prefieren engañarse y decir que sienten un amor hermoso e incondicional por sí mismos cuando no es así. Una buena manera de saber que no nos estamos queriendo es cuando trabajamos en lugares que no queremos, cuando hacemos las cosas obligadas y no por pasión. Otro ejemplo es cuando nuestras relaciones están más marcadas por la insatisfacción que por la plenitud, cuando medio vives en lugar de vivir completamente y disfrutar la vida.

Estas señales son claves para indicar que no nos estamos queriendo y, al no hacerlo, permitimos todas esas situaciones que no nos hacen ni nos harán sentir bien. ¿Y qué ocurre? Que de tanto repetir estos patrones nos acostumbramos a sentirnos vacíos, infelices, incompletos, no amados y creemos que eso es la vida. Por supuesto que si la vida es así, será imposible atraer personas para construir relaciones de pareja felices y deliciosas.

¿DE VERDAD ESTÁS TAN ENAMORADO DE TI COMO CREES?

Tú mismo eres, has sido y serás la única persona con la que estarás siempre. Por lo tanto, si la relación contigo no es sana entonces todas las demás fallarán. Yo sé que eso se ha dicho muchas veces y lo has leído infinidades más, pero aún hay personas que siguen buscando salvadores, mesías o héroes que los hagan sentir felices, pero no lo logran y terminan acostumbrándose a que la vida es eso: una frustración tras otra.

¿Cómo empezar a enamorarte de ti? ¿Cómo empezar a quererte? Una buena manera de hacerlo es ver qué tanta compasión tienes con tus defectos. Como dicen por ahí, en las buenas todos son buenos, pero en las difíciles es donde se ve de qué tamaño es el amor.

¿Qué tan comprensivo eres con tus defectos, con tus debilidades? ¿Te maltratas automáticamente o buscas la manera de entender por qué eres así? ¿Tienes la paciencia suficiente para ir cambiando poco a poco?

En las relaciones de pareja tienden a preocuparse más por hacer feliz al otro y se olvidan de ser felices primero. Esa renuncia o esa decisión de anteponer al otro por encima de sí mismo ya es un maltrato. Seguramente, conoces personas que dejan de ser ellas mismas para complacer a los demás, convencidas de que eso es un acto de amor. Renuncian a actividades que son importantes para ellas solo para complacer a la pareja. El complacer al otro implica renunciar a lo que son, a lo que les gusta y a alejarse de sí mismos. Se limitan o reprimen cosas que son sanas, en lugar de negociarlas o acordarlas.

Ernesto estaba enfrentando problemas en su relación con Rebeca. La amaba pero, de un tiempo para acá, no quería llegar a la casa, había algo en la relación que lo hacía quedarse más tiempo en el trabajo. Rebeca, por su parte, sentía esa lejanía

de Ernesto y se lo reclamaba con más molestia cada vez. A medida que aumentaban los reclamos de Rebeca, las ganas de Ernesto por no llegar a su casa también aumentaban. Una de las cosas que descubrimos en consulta es que habían empezado a sacrificar o a renunciar a cosas importantes para cada uno de ellos. Por ejemplo: A Ernesto le encantaba jugar softball con sus amigos los sábados en la mañana. Esta afición no era nueva, de hecho, Rebeca lo había conocido jugando softball, pero Rebeca empezó a sentir celos por el softball y le exigió que no fuera más. Ernesto accedió a la petición en un intento por "cuidar" la relación, sin embargo, esto lo que hizo fue volverla más crítica, porque, aunque él ya no iba a jugar, se quedaba en casa con disgusto y empezó a perderle el gusto a estar en casa con ella. La razón por la que Rebeca le peleaba el softball era porque después de jugar llegaba muy cansado y no tenía ganas de salir con ella. El plan de salir en pareja se había descuidado y Rebeca culpaba al softball. Todo esto generó un distanciamiento entre ellos y solo se acercaban cuando discutían.

Se llegó a un acuerdo, Ernesto seguiría disfrutando sus partidos, pero debía cuidar las salidas con Rebeca. Así, las dos partes, al sentirse atendidas en sus necesidades, se volvieron comprensivas el uno con el otro.

Por otro lado, hay personas que prefieren tener hijos para darle una supuesta seguridad a la relación y, si bien eso puede dar una seguridad, al final se cae porque una relación de pareja no la sostiene un hijo, sino la pareja. Es más, también hemos escuchado que hay que casarse para no quedarse solo o tener hijos para que nos cuiden al llegar a viejos. Nada más lejos de la realidad.

Antes de cerrar este apartado, te invito a que respondas las siguientes preguntas. Quizá te cueste un poco responderlas, sé que no son preguntas fáciles, pero créeme, son necesarias. Cuando me hago estas preguntas, tal vez las respuestas no aparecen de buenas a primeras, pero me las hago durante todo el día, varias veces y así, sin esperarlo ni forzarlo, empiezan a aparecer las respuestas. Como ya sabes, cualquier respuesta, por muy ilógica que parezca, es mejor aceptarla.

— ¿Qué es lo que no te has dado a ti mismo?

— ¿De quién te enamorarías, si vuelves a nacer?

— De volver a nacer, ¿qué estudiarías, qué harías, a qué te dedicarías?

— ¿Si no tuvieras que complacer a nadie ni ser bueno, cómo serías?

— ¿Qué no harías?

— Si te dieran la libertad de ser lo que quieras, ¿qué serías?

VAMOS A TERAPIA

Una de las herramientas más útiles y efectivas para sanar las carencias afectivas o vacíos emocionales y, por ende, el fortalecimiento de la autoestima es la terapia psicológica. El proceso que sugiero en estos casos es ayudarte a que te valores a ti mismo, comprendas tus errores y sanes esas heridas para descubrir al amor verdadero, ya que no es solo importante encontrar a la persona indicada, sino que también tú seas la persona indicada para alcanzar todo lo que deseas. Todos quieren conseguir una persona que los valore y respete, pero si no lo hacen con ellos mismos, seguirán atrayendo y eligiendo a personas inadecuadas.

Siempre digo a mis consultantes que nadie nos enseña a ser felices, es algo que debemos aprender, sin embargo, esto requiere de mucha valentía y honestidad. Estamos acostumbrados a culpar a los demás de nuestras frustraciones y tropiezos, pero la clave está en mirar en nuestro interior, aprender a mejorar aquello que está mal en nosotros y que nos hace sufrir para encontrar el amor verdadero en libertad.

Si una persona tiene percepciones negativas sobre sí misma y dice que no ha tenido "suerte", todo lo que viva va a corresponder a lo negativo, no porque la vida sea injusta, sino porque así es su visión. Aunque le sucedan cosas buenas y agradables,

esta solo va a tener atención en las que no lo son para validar así su creencia. Aunque minutos antes haya recibido una buena noticia, la buena nueva perderá protagonismo ante otra noticia que no sea tan buena para darle ratificación a la creencia de que en su vida nada es bueno.

Las creencias de que todos los hombres son infieles proviene de mujeres que han tenido ese tipo de experiencias o que lo han visto en relaciones de sus madres o mujeres importantes de su vida que han influido desde su crianza.

Es una manera de generalizar porque existen hombres que no tienen esa condición y que sí pueden y desean respetar un compromiso de lealtad, pero si la creencia que persiste es que no existen, pues solo se sentirá atraída por ese perfil. Las creencias son contagiosas, tienen un poder de sugestión importante, que si nosotros no tomamos conciencia, terminaremos siendo víctimas de ese poder y viviremos las mismas experiencias, aunque no sea lo que nosotros deseamos. Que quede claro, creencia mata deseo. Entonces, antes de fortalecer el deseo repitiéndolo mil veces para que se realice, considero que es más efectivo que revises cuáles son tus creencias inconscientes, para que puedas desprogramarlas en caso de que sean negativas e instales unas nuevas que sí apoyen tus deseos.

> **No existe un enemigo más dañino para los deseos que las creencias negativas.**

En otras palabras: ¿qué es una relación de pareja? La respuesta dependerá de la creencia que tengas en tu mente y de la disposición que tengas de cambiarla por otra más coherente con lo que deseas. Ya sabes, por lo que hemos hablado en capítulos anteriores, que la única utilidad de culpar a otros de tu mala suerte, en las relaciones de pareja, es perpetuar el sufrimiento y seguir eligiendo las mismas personas. Si tú crees que el amor es un asunto de lotería donde unos pocos ganan y muchos no, pues trabaja para que tú seas de los ganadores

de esa lotería. Te recuerdo que tus creencias determinan lo que tienes, tendrás y tuviste en tu vida. No como producto del destino, sino producto de tus creencias.

"¿Por qué no tengo la pareja que quiero? ¿Por qué solo atraigo hombres casados?".

Siempre es bueno revisar qué puedo estar haciendo yo, consciente o inconscientemente, para estar teniendo ese resultado. Revisar la posibilidad de que sea yo el que esté generando esa situación, me da un poder valioso para ir por la vida más seguro y menos impotente. Es aquí donde cobra valor lo que muchos hablan acerca de la diferencia entre ser víctimas de las circunstancias o constructores de las realidades, al utilizar las oportunidades. Creo en esto porque he visto resultados. El ser protagonistas siempre te abre puertas, ventanas que son salidas. Las víctimas no ven esas puertas. Y aquí es donde se vuelve a presentar la oportunidad de elegir qué hacer con eso.

Parte III

SÉ

PA

RE

JA

El proyecto de pareja

13

Después de la autoestima, el otro aspecto importante es la creación y el acuerdo de un proyecto de pareja.

Ya sabemos que es posible vivir sin tener pareja, de hecho, muchos de nosotros conocemos a personas que, después de haberlo intentado — con éxito o sin él—, están llevando sus vidas sin una persona al lado, pero también sabemos que la vida se disfruta más y tiene más sabor en pareja. Si la vida es más deliciosa en pareja, bien vale el esfuerzo y el trabajo de construir una relación para sentirnos queridos y querer a otros. Sabemos que la parte más sabrosa es el inicio pero, más importante, es saber mantener esa relación en condiciones sanas que garanticen el amor, la protección, el apoyo y la diversión juntos.

La mayoría de las parejas fracasan porque se gustan, se llevan bien en la cama, comparten gustos y preferencias, pero no saben a dónde van, qué las une, qué las hace fuertes. Cuando se desconocen estas características es muy difícil proteger la relación de cualquier amenaza. Yo sé que un proyecto de pareja no es fácil definirlo, pero es necesario acordar esa definición porque es ahí donde va a descansar y vivir la relación. Ese proyecto, como tal, es un ser vivo que necesita tener un sentido para ir transformándose con el pasar de los años. Así como nosotros vamos cambiando, madurando y creciendo, el proyecto de pareja también se renueva.

Un indicativo de que la relación está pidiendo renovación es la aparición de las crisis, las discusiones constantes, el extravío del entusiasmo y de las ganas, el aburrimiento y esa sensación de "ya no quepo en este lugar". Cuando la pareja empieza a dejar de entenderse, en lugar de ponerse a pelear, de ver quién tiene la razón y quién está equivocado, la invitación es a revisar cómo está el proyecto, qué está pidiendo, qué quiere decirnos para garantizar que permanezca vivo y saludable.

Los proyectos de pareja son cambiantes y si ambos caben en el mismo proyecto, los dos integrantes pueden caminar juntos en esa relación porque van hacia el mismo destino. Un proyecto de pareja puede ser casarse, tener una casa y vivir juntos, salir de casa de sus padres, irse del país, tener hijos, pero estos no garantizan que la pasión y las ganas estén vivas. Hay

parejas que consiguieron tener esa familia deseada, esa casa que soñaban, los hijos planificados, pero se olvidaron de ser pareja y lo que los mantiene unidos son los hijos, su educación, su crecimiento, la casa, etc. Sus únicos temas de conversación giran en torno a eso y creen que eso es ser pareja. Cuando una pareja habla de hijos, de familia, de educación están hablando como padres de esos hijos, no necesariamente como pareja.

¿QUÉ NO ES UN PROYECTO DE PAREJA?

La manera más clara de explicar esto es que con todos los hijos, la casa, el hogar, los integrantes de la relación se olvidan de lo que sí tiene que ver con una pareja, se olvidan de ser novios, se olvidan de conquistarse, se dejan de gustar, de mirarse a los ojos, de querer seguir descubriendo la vida uno al lado del otro.

Sin darse cuenta, sustituyen eso que tiene que ver con la pareja por sus responsabilidades como padres, como familia. Es decir, están juntos por sus hijos, porque tienen tantos años de casados, porque tienen miedo a quedarse solos, porque en el núcleo familiar nadie se ha divorciado antes y prefieren quedarse, físicamente, por complacer a la familia o la religión y terminan abandonando la relación, emocionalmente hablando.

No se trata de que dejen de ser padres, en lo absoluto, lo que propongo es que ocupen, adecuadamente, los roles que tienen: los roles de padres cuando estén con sus hijos, el rol de hijos cuando estén con sus respectivos padres, el rol de ciudadanos con el país donde se reside y el rol de pareja con la persona con la que se está compartiendo parte de la vida. Cuando dos personas que son pareja hablan de su relación, hablan de lo que sienten cuando están juntos, de cómo van a escaparse para disfrutarse mutuamente, cuál nuevo reto como cosas nuevas van a experimentar como amantes, etc., es, precisamente, esa complicidad, esa conexión, esa picardía que existe solo entre ellos, lo que mantiene la pareja real viva.

LA CONEXIÓN

Explicar qué es la conexión en una pareja resulta difícil hacerlo con palabras, porque es algo que no tiene que ver con la mente, es algo que se siente, que ocurre, que se da y que es muy difícil forzarlo. Es complicidad, cuando dos personas se sienten unidas sin necesidad de hablarse, de verse, de tocarse porque se saben juntas. Cuando esa conexión está presente en una relación, el entendimiento es fluido, la pasión está llena de vida, las diferencias no pelean, sino que conviven con respeto y lo único importante es que ambos quieren seguir disfrutando la vida uno al lado del otro.

Yo estoy consciente de que mantener esa conexión como pareja, sin caer en la tentación de hablar de padres o de familia, puede resultar difícil. La dificultad de esa conexión es porque nunca nos enseñaron a conectarnos como pareja, como novios, sino que era más fácil y común comunicarnos en pareja a través de nuestros roles como padres. Sin darnos cuenta, dejamos de ser amantes para ser padres. Ahí está el reto: lo que el nuevo modelo relacional de pareja está pidiendo es que se incluya el rol de amantes dentro de esa relación, sin excluir el rol de padres. Es decir, que ambos roles puedan convivir en paz.

En toda relación, la desconexión es algo que puede ocurrir sin importar la edad o el tiempo que tengan juntos. Aunque afecta la relación, no significa que esta se acabe, al contrario, es una razón más para revisarla y fortalecerla. Ocurre cuando uno de los dos llega a casa, agotado después de un largo día de trabajo y el deseo de conversar un rato con la pareja empieza a disminuir y es más importante el televisor, el celular, el trabajo, etc. Esta situación se repite frecuentemente en muchas parejas, de diversas edades y tiempos de duración. Hay momentos en los que pareciera que ambos hablaran distintos idiomas o que cada uno viviera en países distintos. ¿Qué pasó con la conexión que existía al principio de la relación? Por eso es importante contar con un proyecto de pareja que sirva de brújula, de orientación ante cualquier extravío que pueda suceder en la relación y nos recuerde el camino de regreso.

> **No hay proyecto de pareja si antes no existe el proyecto individual de cada uno de sus integrantes.**

Siempre recomiendo que, antes de hablar de pareja, hablemos de cómo están los integrantes de dicha relación. Según cómo esté la persona, así mismo será la calidad de la relación que se construya. Los que me conocen saben que para mí la base de todo está en la autoestima de la persona. Eso es lo primero que cuido y reviso en cada uno de mis consultantes: cómo se lleva con la vida, cómo están sus relaciones con los demás, con el dinero, con la salud, con el amor, con su pasado, cómo se siente consigo mismo.

Si la persona no se lleva consigo misma, tampoco lo hará con los demás. Cuando la persona no se respeta ni se quiere, nadie más lo hará. Si empiezas a mejorar tu relación contigo, podrás construir mejores relaciones con los demás y con tu propia vida. Aclaro este punto porque quiero hablarte sobre la autoestima como factor decisivo para construir parejas sanas. Tanto tú como yo queremos sentirnos bien en las relaciones, pero primero tenemos que fortalecer la autoestima, la cual es un **músculo que se entrena todos los días.**

Una relación de pareja son dos historias personales que se encuentran, son dos puntos de vistas diferentes que conversan, tratando de entenderse para ver si es posible encontrar la felicidad uno al lado del otro. También representa dos autoestimas que se escogen mutuamente para caminar juntas sin saber hasta cuándo y hasta dónde.

¿Cómo construir un proyecto vital con tu pareja?

14

Esto nos invita a realizar un compromiso entre las dos personas para compartir una vida; este compromiso será la fuerza que los incentive todos los días a cuidar dicho compromiso y el que mantendrá el amor, la pasión y el deseo vivos y sanos. El proyecto de pareja debe ir cambiando a lo largo del tiempo, dependiendo de las circunstancias de la vida y de la evolución de cada integrante. Lo importante es no negarse a esos cambios, sino aceptarlos porque eso forma parte de la vida. Aprender a recibirlos y a abrazarlos será de gran utilidad a la hora de mantener el compromiso del proyecto. Es conveniente que se revise y se converse constantemente como parte del cuidado.

Para que la vida de la relación sea sana y duradera es importante verla y tratarla como un proyecto. Y ¿qué es un proyecto? Es un camino a dónde llegar, un viaje que se hace todos los días, es un sueño que se materializa diariamente y, en otras, palabras es un "para qué estoy en esta relación".

Justamente, hacerse esa pregunta, de forma constante, nos lleva a revisar si estamos transitando por el camino indicado, si nos estamos alejando de él o no. Para cuidar que el proyecto de pareja esté saludable es importante que el proyecto de vida individual esté definido; que cada uno de los integrantes sepa qué quiere conseguir en la vida, hacia dónde va, cuáles son sus valores, metas y proyectos será fundamental para saber quién los va a acompañar en este camino.

"MI PROYECTO, EL TUYO Y EL NUESTRO"

Cada integrante posee distintos roles que lo equilibran y sostienen como persona. Cada rol y cada área de su vida deben estar atendidas y satisfechas lo más posible. Ahí descansa la estabilidad de cada uno.

Existen personas que, con la excusa de estar enamoradas, cometen el error de hacer de su relación de pareja el gran

proyecto de su vida. El error está en que colocan toda su estabilidad y seguridad solo en esa área y descuidan las otras que también son importantes y sin ellas es muy difícil lograr una sana estabilidad. Esto crea, poco a poco, las condiciones para generar una dependencia emocional muy fuerte hacia la pareja que, tarde o temprano, termina por asfixiarla con la confusión de que está amando inmensamente. Este es un error muy común que veo, las parejas deben encontrar un buen balance entre su individualidad y lo que construyen como pareja sólida, de esta forma, no se crearán dependencias. Hay que recordar que, antes de que te amen con locura y fascinación, es recomendable que te amen con mesura, con los ojos abiertos y los pies en la tierra, cuidando cada una de las etapas de crecimiento que vaya ofreciendo el vínculo con amor y respeto.

Toda relación termina o se vence. Cosa que hay que aceptar: ninguna relación es eterna, no hay maneras de garantizar el amor eterno. El amor se cuida diariamente con la ilusión de que dure el mayor tiempo posible, pero no hay garantía de eso. Por esta razón, cuando la relación termina, la persona queda devastada y se derrumba al no tener las otras áreas que la sostengan y le den la estabilidad que necesita para recuperarse.

El proyecto de vida no nace con la pareja ni termina con ella, es solo una de las varias partes de la persona. Todos debemos tener, además de la pareja, otras metas, sueños y objetivos. El proyecto de cada integrante de la pareja tiene que contener el área profesional, económica, espiritual, familiar y, por supuesto, el de pareja como tal. Todos tenemos gustos, ambiciones y sueños que van modelando las ideas acerca del lugar que ocupa cada cosa en nuestra vida.

Cuando nos acercamos a alguien y ocurre el encuentro de corazones, la chispa del amor nace, pero también se da el encuentro de dos proyectos de vida independientes que quieren abrazarse para saber si juntos pueden construir el proyecto de pareja. Para que estas dos personas se conviertan en una pareja, necesitan compartir dentro de su proyecto de vida el mismo proyecto de pareja. La misma idea, la misma búsqueda, etc., de lo contrario, no hay pareja, sino dos personas in-

tentando serlo sin éxito. Decir que queremos ser pareja no es suficiente, es saber qué proyecto de pareja queremos tener para saber si esa persona quiere el mismo que nosotros. Aparecen entonces tres proyectos: **el tuyo, el mío y el nuestro.** De la manera en cómo se resuelva la coexistencia de estos tres proyectos, dependerá la calidad de vida de la pareja o, directamente, la posibilidad de su existencia.

Recordemos que el amor no lo puede todo. Ya sabemos que el amor debe existir, pero no se puede cargar con una responsabilidad que ya sabemos no es suya. Por eso es que hay que ir más allá de todo enamoramiento o ilusión, de todo anhelo. Hay que plantarse con los pies en la tierra para ver si una pareja puede permanecer junta sin dejar de ser quién es individualmente, y sin traicionar su esencia.

LO QUE TÚ QUIERES

Cada edad en la vida corresponde a una manera diferente de ver y hacer pareja. Cada edad tiene una forma particular de entender el amor, de vivir la vida, de relacionarse con el dinero, con la salud, con el sexo. El proyecto de pareja también va cambiando de acuerdo con la edad que tengamos y lo que estemos buscando en la vida. Proyecto que no se renueve ni se oxigene tiende a morir por muy hermoso que sea el proyecto, por muchas ganas que tenga la pareja de estar junta y por muy grande que sea el amor.

Cuando tenías 20 años, tu manera de ver el dinero tenía una forma específica de acuerdo con tus patrones familiares, culturales, etc. Luego, a los 30 años cambió y lo más probable es que haya venido pasando sucesivamente. ¿Recuerdas qué significaba el dinero para ti a los 20, 30 y hasta hoy? ¿Cómo te llevas con él?

La pareja no se escapa de estos cambios y transformaciones. A los 20 años te relacionabas con la pareja y el amor de una forma distinta a como lo haces hoy. A los 20 años casi que nos creíamos eternos, no pensábamos en que nos íbamos a morir.

Aunque supiéramos que la muerte era inevitable, a esa edad veíamos la muerte tan lejos que podíamos creernos inmortales. Por lo tanto, la necesidad y el deseo de hacer pareja era más libre y despreocupado porque, algo dentro de nosotros, nos decía que había muchísimo tiempo para seguir experimentando. Cuando hablas con una persona de 60, la pareja tiene otro significado. La persona sabe y siente que la muerte está mucho más cerca y su deseo de hacer pareja tiene más que ver con el miedo a irse, por lo que puede concientizar que sus últimos años de vida los desea vivir con calidad y disfrute. Hay cosas que no se negocian en cada etapa de nuestra vida, así que la siguiente pregunta para ti va en esa dirección. Después de todo lo que has vivido y has aprendido en relaciones de parejas ¿qué no es negociable para ti en el próximo intento de hacer pareja?

Sí, yo sé que responder esta pregunta no es fácil. No es fácil sobre todo porque son preguntas que nunca nos hacemos, ya que estamos educados a buscar las cosas sin saber la verdadera razón de esa búsqueda. Estamos locos por emparejarnos sin saber qué tipo de pareja realmente queremos, qué tipo de experiencias queremos vivir junto a esa persona y qué queremos construir. No saber esto te hará pagar un precio tan alto y tan doloroso, que será mejor prepararte para responder estas preguntas. Si seguimos creyendo que con solo enamorarnos tenemos el proyecto listo, seguiremos equivocándonos porque lo único que hará que acertemos es la claridad de lo que somos — qué tipo de amantes—, establecer bien lo que queremos descubrir y experimentar en una relación, para así saber dónde hallar a esa persona que quiera caminar con nosotros.

> *Ya no necesitas estar tres o cuatro años en una relación inadecuada o que no quieras, sino que en los primeros encuentros ya puedas identificar si esa persona va o no con tu proyecto en pareja.*

La invitación es a que te sientes contigo primero a aclarar y delimitar cómo es tu proyecto de pareja, antes de sentarte a

conversar con el otro. Voy a insistir en esto: antes de negociar es importante que sepas qué quieres, eso siempre será más importante. Después viene el "cómo", "cuándo" y "cón quien".

Te voy a proponer un ejercicio que a mí, particularmente, me ha servido de mucha ayuda. Lo hago cada vez que siento que lo necesito, porque considero que los proyectos hay que revisarlos constantemente para irlos renovando, haciendo ajustes en la medida que se vayan realizando. Como todo en la vida, necesita atención, cuidado y disciplina. Desde una planta hasta un niño y un proyecto — que es otro ser vivo— también lo necesitan.

Escribe en una hoja de papel lo primero que se te ocurra cuando piensas en tu proyecto de pareja. Escribe todo lo que se te venga a la mente, sin orden específico, frases, palabras claves, déjalo salir. Lo bueno de escribir es que todas esas ideas desordenadas — y hasta casi sin sentido— que están en tu cabeza necesitan salir para poder ordenarlas. Una vez que las hayas escrito, léelas varias veces y presta mucha atención a lo que sientes cuando lo haces. ¿Qué se mueve dentro de ti? ¿Qué sientes? Quizá sea miedo, pánico, ilusión, incredulidad, desconfianza, sientes que es imposible, todo eso anótalo al lado de cada frase o palabra que hayas escrito. No censures nada, no critiques ni analices. Este no es momento de filtrar, sino de expresar y conocer qué es lo que estás buscando en una relación. Sigue leyendo y presta atención a todo pensamiento que surja en ese momento.

A medida que vayas leyendo, iras dándole una forma más clara a lo que buscas y deseas de una relación. Esto no es más que ir aclarando contigo primero. ¿Qué puedes hacer hoy para ir cambiando esas sensaciones? ¿De dónde vienes? ¿Quién te las enseñó? ¿Dónde las aprendiste? Este ejercicio es un paso fundamental, porque te hace estar consciente para que no vayas ciego a negociar con tu pareja. Por ejemplo, si deseas una relación de confianza, la pregunta que me toca hacerte es: ¿de verdad confías en ti como para sostener una relación con ese valor o eres de los que piensa que, en cualquier momento, te va a traicionar?

Una vez me tocó hacer un conversatorio y todos los asistentes dijeron que lo que más querían encontrar en una relación era confianza, pero todos sentían que los podían traicionar. Es decir, eso que esperaban era algo que no existía para ellos, y aun así, iban con esa predisposición a amar. Por supuesto que esas opiniones venían por decepciones pasadas que no fueron sanadas y esto hizo que estuvieran poco dispuestos para un amor sano y una relación feliz.

Cuando una persona confía en sí misma, va a una nueva relación sin pensar que la van a engañar, sino que va abierta y receptiva a descubrir el amor. No estoy diciendo que una persona segura de sí no sienta miedo, sino que va con ciertos mecanismos de protección sin renunciar a experimentar el amor. Lo que le ocurrió en el pasado no le impide confiar en el presente, más bien se convierte en aguien más sabio, más experto y no en alguien desconfiado y con demasiados miedos.

Si esa seguridad o confianza no está presente en ti antes que nada, la relación que tengas estará llena de inseguridades por todos lados. Sigue haciéndote preguntas por este estilo:

— ¿Cómo es ese compañero o compañera que quieres en tu vida?

— ¿Tú eres la persona indicada para disfrutar y tener a esa persona?

— ¿Qué cosas no son negociables en este momento de tu vida?

— ¿Qué estarías dispuesto a aprender y a incorporar?

No contestes de buenas a primeras, lo importante es que pienses, reflexiones, no te aventures a responder por responder. Antes de querer algo debes estar preparado para tenerlo, porque muchas veces pedimos algo, esperamos algo y no sabemos cómo recibirlo, cuidarlo y disfrutarlo.

Recuerda que todo lo que pasa en tu relación habla de ti, tiene que ver contigo, eres co creador y es necesario trabajarla para poder avanzar. Sé que lo más fácil es creer que uno no tiene que ver y que el culpable es el otro, pero eso, además de no ser cierto, dificulta la posibilidad de que tú y tu pareja se puedan entender.

LO QUE QUIERE EL OTRO

Siéntate con el otro y cuéntale tu proyecto de pareja. Hazle saber lo que quieres, lo que estás buscando y deseas construir. Háblale de tus miedos, sin pena, ¡vamos! Mientras tú hablas, tu pareja solo debe escucharte con atención. Después, le toca el turno a tu pareja de contarte lo que desea como proyecto y tú debes escuchar con la misma atención que con fuiste escuchado.

Ahora viene el momento de expresar cada uno lo que siente y piensa del proyecto del otro. ¿Se parecen? ¿En qué se diferencian? ¿En dónde coinciden ambos planes? ¿Te dan miedo? Poco a poco, irán descubriendo cuánto coinciden los planes personales.

No me lo vas a creer, pero este ejercicio, que puede tardarse unos días o hacerse en varias entregas, es donde empieza el diálogo y la conversación que hará que ambos integrantes descubran qué pueden hacer para construir y cuidar el proyecto. De estas coincidencias surge el proyecto en común.

> *Recuerda algo, hay que tener mucho cuidado de no forzar ni obligar que ambos proyectos sean iguales. Es normal que existan diferencias entre proyectos, pero lo sano es que esas diferencias se hablen primero para que luego se puedan negociar o acordar puntos de encuentro entre ellas.*

La pareja sana no es aquella que tiene proyectos idénticos. Eso no garantiza el éxito de la relación. No hace falta que sea así, al contrario, naturalmente es necesario que una parte de los proyectos coincidan, y son esas partes las que ayudarán a crear puentes cuando piensen diferente.

El acuerdo

15

Una vez que los proyectos estén claros, si la pareja que está contigo es la persona adecuada para acompañarte en este camino viene EL ACUERDO. Cuando utilizo el término "adecuado" no me refiero a que la persona sea valiosa o no, me refiero a que si esa persona desea y busca la misma dirección que tú quieres recorrer.

Es muy sano que cada uno conserve su parte personal, un lugar donde nutrirse fuera de la pareja, que aporte variación y oxígeno. Cada uno es un individuo que tiene necesidades y que debe satisfacer de manera individual, sin que afecta la relación de pareja, sino que la revitalice y la refresque. Si la persona necesita oxigenarse buscando los brazos de alguien más ya no podemos seguir hablando de proyecto de pareja. Aunque, hay relaciones mucho más abiertas y liberales que necesitan de terceros en su dinámica para funcionar. Más allá de las formas y de mi opinión, con respeto a ese tipo de relaciones, me refiero a otro tipo de oxígeno. Hay personas que necesitan estar un tiempo lejos del otro durante el día y luego encontrarse para contarse lo que descubrieron mientras estaban solos. Hay otros que necesitan practicar un deporte con amigos, realizar alguna actividad académica, etc.

¿Qué de lo que tú quieres, yo me comprometo a dártelo? Antes de ponerte a imaginar lo que tu pareja quiere, mejor pídele que te diga cómo le gustaría recibir eso de ti. Suponer no es bueno, es mejor preguntar y estar claro de que la forma en que vas a satisfacer a tu pareja es la misma que esta está esperando. Esto también aplica en viceversa, no esperes que tu pareja adivine y, encima, acierte. No, cuida que ella sepa lo que deseas, cómo lo deseas, etc.

De las cosas que no puedes hacer, piensa cómo puedes compensarlo. Aquí empieza una parte interesante en la relación, que es la negociación y el acuerdo. Hay que evitar, en lo posible, de que haya muchas cosas que no puedan satisfacer. Es decir, en una relación hay cosas que no se van a cumplir, pero debe ser mayor la cantidad de las cosas que los une. Sin embargo, se ha dado el caso de parejas que no coinciden en la mayoría de las cosas, pero la única que tienen en común es tan poderosa y fuerte que es suficiente para mantenerse juntos. El problema

es que cuando esta única cosa se extinga, el punto de conexión desaparece y con ella la relación.

Una vez conocí a una pareja que tenía 22 años juntos, estaban bastante aburridos de la relación pero, desde hace años, lo sobrellevaban con infidelidades aisladas de parte y parte. Ambos sabían que tenían encuentros sexuales por fuera, pero nunca se habían atrevido a conversarlo. Era un secreto que ambos se respetaban, sin embargo, llegaron a un acuerdo — sin conversarlo— de permitírselos. Ellos dos sabían que estaban aburridos, que el amor de pareja no estaba, pero había un sentimiento y un deseo tan fuerte de permanecer uno al lado del otro.

Después de varias sesiones con ellos, descubrimos que ambos tenían miedo a sufrir con el abandono y por eso prefirieron tener una relación de amigos, o de padre e hija, pero ese nexo les aseguraba que la separación no llegaría. En cambio, un vínculo de pareja les asustaba mucho porque cada uno tenía, en su historia familiar, parejas divorciadas que no soportaban estar en un matrimonio. Cuando se conocieron, juraron tener una casa feliz, armoniosa, donde estuvieran siempre juntos y, de cierta forma, lo lograron pero como amigos, como padres, no como pareja. Eso duró 22 años hasta que ella, cansada de renunciar a su necesidad de ser pareja y de disfrutar encuentros sexuales clandestinos, decidió ir por más y abrió un proceso terapéutico con su pareja para reconstruir su relación y saber si ambos podían seguir o no juntos.

Lo primero es limpiar esas creencias de que todo matrimonio termina en un hastío y en unas ganas de salir del hogar o que todo matrimonio termina en peleas y gritos. Una de las cosas que más une a dos personas es su capacidad de acuerdo, su habilidad para negociar y entenderse para ser ese compañero de vida. Si esa capacidad no existe, la relación no tiene futuro.

Para poder llegar a un acuerdo es necesario que ambos integrantes estén dispuestos a escucharse y a entender que ser felices es más importante que tener la razón siempre. Es decir, si hay un acuerdo entre los dos, el amor se crece, se fortalece y se vuelve sólido.

Otro aspecto importante a tomar en consideración para el acuerdo son las diferencias. Es un error creer que las diferencias separan, obligatoriamente, a una pareja, pero somos nosotros los que, al no saber cómo convivir con ellas, terminamos satanizándolas. Nadie es igual a otro, todos somos diferentes, así que el éxito del acuerdo de una pareja está en su destreza para aprovechar las diferencias y ver cómo estas pueden aportar y unirla. La mayoría de las parejas exitosas (entiéndase por exitosas, las que mejor se llevan y se comprenden) son las que utilizan dichas diferencias a su favor. Una buena manera de manejarlas es descubrir qué cosas pueden aprender el uno del otro para aplicarlas en su día a día. En mi opinión, las diferencias son oportunidades para aprender cosas nuevas que me puedan hacer una persona más completa y, por ende, un amante más integral y nutritivo en la relación.

El acuerdo consiste en que ambos sepan qué quieren de la relación, cuál es el aporte de cada uno y cómo lo van a hacer. Si cada uno de los integrantes tiene eso claro, lo que les espera es ¡una aventura deliciosa en pareja!

Da los pasos correctos

16

No sabemos qué nos sucederá a lo largo de la vida, pero si la pareja cuenta con un proyecto sólido y claro, siempre encontrará una guía que los ayudará a orientarse ante cualquier adversidad o conflicto que pudiera presentarse. Y cuando la pareja logra superar ese conflicto, además de unirse más, sienten que quieren seguir con más entusiasmo y ganas que antes.

Hay que recordar que el amor de pareja es un trabajo y también es una decisión. El amor de pareja necesita entrega, tiempo, dedicación y cuidados. Todo lo que es importante requiere un cierto esfuerzo. El amor necesita tiempo, es una criatura que crece despacio, así que seamos pacientes. Sabemos que la vida es corta, por eso debemos cuidar bien los detalles para intentarlo de nuevo y mejor. El amor solo crece en la verdad, no resiste la mentira, ni el miedo, ni el engaño. Si se construye el proyecto desde esa verdad profunda estaremos por buen camino.

Construir un proyecto no es un trabajo de un solo día, hay que vivirlo, enriquecerlo, actualizarlo continuamente. Un proyecto de pareja o del tipo que sea, necesita de la ilusión y de la realidad. Creo que la vida es mucho más sana si se logran tener estos dos aspectos integrados. Demasiada realidad no es buena, demasiada ilusión abruma y no concreta. En otras palabras, la ilusión es como el niño que quiere conquistar el mundo, tiene sueños, tiene ideas, sabe a dónde quiere llegar. La realidad le corresponde al adulto, el trabajo diario es la estructura que hará que ese sueño o idea se construya. Nosotros somos el proyecto, lo hemos decidido y si equilibramos todo, habrá más posibilidades de lograrlo.

El amor necesita confiar, saberse seguro, pero cuidado, a veces cuando tenemos algo seguro tendemos a descuidarlo, a darlo por sentado. Nunca des por sentado tu relación. Si me preguntas a mí, diría que al tener una pareja es cuando más debes cuidarla de ese exceso de confianza. Para cuidar su proyecto, la pareja debe enamorarse y conquistarse todos los días, aunque la tengas cerca de ti. También es vital entender que no es tuya, no te pertenece ni te pertenecerá. Esa es razón suficiente como para que la enamores y conquistes todos los días como si fuera la primera vez.

Suena muy bonito, suena muy romántico, pero el mayor enemigo de las parejas es esa confianza que da la cotidianidad. Y sin darte cuenta, el mismo día que te sientes seguro de tu pareja, ese mismo día empiezas a perderla porque los detalles que tenías con ella mientras la conquistabas desaparecen, poco a poco, y este descuido puede hacer que se esfume sin que lo percibas.

¿QUÉ HACER CON LAS DIFERENCIAS?

Las diferencias, cuando son aceptadas y respetadas mutuamente, pueden unirlos más de lo que creen. Siempre he creído que cuando ambos están dispuestos a respetar la opinión del otro y no buscan forzarlo para pensar igual, las diferencias pueden sentarse y llegar a un acuerdo. Por el contrario, cuando ambos se encierran en una lucha para que el otro piense igual, terminan en una guerra a muerte por ver quién es más fuerte de los dos.

Claro que hay diferencias que exigen más negociación que otras. Por ejemplo, que a uno le guste ir de fiesta todos los días y el otro prefiera quedarse en casa. Una solución podría ser turnarse un fin de semana en la calle y otro fin de semana cuidando y disfrutando el hogar. Ahora, si la persona necesita salir todos los fines habría que evaluar si más bien necesitaría una pareja con la misma necesidad fiestera que él.

Pero hay otra diferencia aún más grande como, por ejemplo, que uno de los dos quiera tener hijos y la otra persona no sea amantes de los niños. En fin, por eso es nutritivo sentarse a hablar con claridad de qué es lo queremos encontrar y desarrollar dentro de una relación, para saber si la persona que quiero me va a acompañar en este camino. La importancia de escoger bien a la persona es lo que va a determinar si ese camino lo vamos a recorrer tomados de la mano, llenos de entusiasmo o,

por el contrario, lo recorreremos peleando constantemente, queriendo cambiarlo y viendo quién tiene la razón.

¿Cómo saber si estás amando sanamente?

17

Para cerrar, es necesario destacar que amar es un ejercicio de constante revisión. Cuando se ama y se sufre estamos en presencia de un amor tóxico, no sano. Lo que se busca en la vida es ser feliz y esa felicidad se consigue cuando el amor que sentimos es sano, pero ¿cómo saber si el amor que te une a tu pareja es sano?

Déjale la puerta abierta para que él o ella sepa que se puede ir cuando desee, que sepa que es libre de estar contigo, que no debe hacerlo por obligación ni por atadura, sino porque lo desea. Amarse dejando la puerta abierta, sin grilletes, ni contratos asfixiantes, hace que nos esmeremos por estar juntos porque así lo sentimos y deseamos. Eso sí, dale siempre razones para que esa persona decida quedarse.

Cuando amas a alguien lo amas con sus virtudes aunque en eso no hay mayor mérito, porque en las virtudes es fácil amar pero, cuando conoces sus defectos y decides seguir amándolo, allí estás siendo pareja. Tendemos a querer cambiar a la pareja para que sea a nuestra medida, que actúe y piense como nos convenga, y si esta no accede a cambiar, bien sea porque no quiere o no puede, en seguida sentimos que no nos ama lo suficiente.

Obligar a alguien a cambiar, además de ser una falta de respeto, es un claro indicio de que estás esperando a otra persona y no a la que está a tu lado. Las personas no cambian porque tú quieres, las personas cambian si ellas lo desean. Y en toda relación habrá cosas que no nos van a gustar del otro pero, en vez de cambiarlas o de generar conflictos por ello, hay que llegar a acuerdos para que esas cualidades que no apreciamos no entorpezcan la convivencia. Además, hay que recordar que así como tu pareja puede tener cosas que no te gustan, tú también las tienes, así que más que cambiar, es negociar para que nuestros defectos puedan convivir con el amor.

Y para concluir, sabrás que amas sanamente cuando:

— *Te gusta ver crecer a tu pareja. Ver cómo sigue sus sueños*

— *Aprecias cómo es honesta con su esencia*

— *La apoyas a volar lo más alto que quiera y admiras su vuelo*

— *Y cuando aterriza, juntos comparten las experiencias de cada uno. Se cuentan los sueños y logros*

— *No necesitas encerrarla, ni poseerla*

— *Sabes que, aunque existan otras personas, tu pareja, aun así, te elije y tú a ella*

No busques ataduras que te den una falsa sensación de seguridad, ya que la que viene de aspectos externos genera miedos. La mejor seguridad de saber que tu pareja está contigo es la que se construye todos los días, es la que aumenta las ganas de seguir juntos y de querer conquistarse nuevamente hoy. Hay gente que se casa todos los días, es decir, que se elige todos los días. Eso sí te da seguridad, siempre y cuando, no se caiga en un exceso de confianza. Hay que conquistarse diariamente para que ambos quieran estar juntos en esa relación sin aburrirse.

EPÍLOGO: EL RETO

La mayoría de las personas deciden vivir en pareja, supuestamente, conscientes del gran reto que esto implica, pero solo sabrán qué tan dispuestos están cuando el reto se les presente en la cotidianidad. Es en el día a día donde la pareja irá descubriendo de qué tamaño es el compromiso para hacer pareja. El tamaño de la tolerancia, de la confianza, la paciencia y el trabajo en equipo solo se verá sobre la marcha, en el transcurrir de los días y en la manera de afrontar las vicisitudes que se presenten. Como dicen por ahí, es como el trabajo de ser padres que, aunque estudies y leas, es un aprendizaje diario que nunca termina, que incluye aciertos y equivocaciones (estas últimas son las que más nos enseñan).

Otro de los retos es mantener viva la llama del amor, y yo diría que, más que del amor, es de las ganas de seguir descubriéndose uno al lado del otro. He visto mucha gente que se ama y se separa amándose. Hay parejas que se aman, pero están aburridas; parejas que están acostumbradas, pero no hay emoción. El reto de toda pareja, además de amarse, es mantener vivas las ganas de ser felices juntos, pero descubriendo cada día y, en ese descubrir, conquistarse. Por supuesto, para conquistar hay que estar innovando frecuentemente, y esa necesidad de conquistar, de mantenerse enamorados e interesados, es lo que hará que no bajen la guardia, que no se sientan seguros y confiados.

Javier era un consultante que había venido para dejar de ser infiel. Amaba a su pareja y por fin estaba decidido a renunciar a su debilidad por tener nuevas conquistas, no solo porque le hiciera daño a su pareja, sino porque él quería empezar a ser distinto. Él sabía que su adicción a las mujeres no era algo que lo hacía verdaderamente feliz, y parte de ser feliz era dejar esa adicción. En consulta, pudimos analizar y descubrir que, en su relación, si bien existía amor, no había conexión, pasión, ganas de conquistar la vida, y la ausencia de esa conexión era lo que él trataba de conseguir por fuera. Lo lograba a medias cuando salía con chicas, pero luego se desvanecía porque no era esa la forma de sentirse pleno. La conexión que él buscaba

afuera y que no encontraba con su pareja era razón suficiente para saber que tenía que empezar a buscarla dentro de sí mismo primero.

En consulta, entre las cosas, descubrimos que dentro de Javier había dos aspectos de él que estaban enfrentados. Javier en su relación era bueno, obediente, servicial, a tal punto que adoptó el rol del hijo bueno. Su pareja era una mujer emprendedora, cariñosa, leal, a tal punto de ser una madre. Ambos establecieron, convenientemente, una relación de pareja sustentada en el rol de madre-hijo como una forma segura de nunca separarse. Ellos habían entendido que las parejas se pueden separar, pero una relación maternofilial, no. Así que prefirieron — inconscientemente— ser madre e hijo por la seguridad que para ellos representaba. Pero Javier no era el hijo de Laura, él era un hombre y siempre necesitaría una mujer con la cual pudiera realizarse como tal y no como hijo. Era esa la razón por la que él necesitaba salir a conquistar, pero lo hacía escondido y con culpa para no traicionar a su madre.

Cansado de hacerlo, decidió pagar el precio de romper esa relación y sincerarse. Solo sincerándose es que se puede saber si la relación puede cambiar y estar. Laura, al principio, se mostraba reacia a cambiar, a aceptar que la relación estaba vencida y que, para seguir juntos, había que cambiar de relación, antes que de pareja. Empezamos las conversaciones y negociaciones. Tanto Laura como Javier dejaron de ser madre e hijo y empezaron a ser hombre y mujer. Salieron deseos reprimidos, deseos cargados de vergüenza, que no se atrevían a confesar mientras estuvieron en el vínculo de madre e hijo. Extrañados por lo que estaban descubriendo, sintieron una felicidad que sabían que existía, pero que no habían experimentado dentro de esa relación. Y lo más importante es que tanto Javier como Laura ya no sienten deseos de escapar, de tener experiencias sexuales por fuera, sino que las consiguen adentro con una gran complicidad. Ahora ambos sienten unos deseos y una curiosidad por descubrirse juntos como individuos y como pareja. A pesar de llevar años juntos, estas dos personas hoy descubrieron que ya no son las mismas y parte de lo que mantenía despiertas las ganas era conocerse mutuamente.

Es importante no esperar sentir, a los 40 años, la emoción y la adrenalina que sentías a los 20. Sé que una persona nueva parecerá más atractiva por lo desconocido, pero el reto está en cómo encontrar sabores diferentes en la misma piel, cómo encontrar distintos paisajes en la mirada del otro, cómo escuchar nuevos discursos en los mismos labios del otro. Ese es el reto y sí se puede, siempre y cuando, evolucionemos juntos. Tu discurso, tu forma de hablar no es la misma de hace 10 años, ni tampoco lo es la de tu pareja. Han pasado cosas en la vida de cada uno que les ha hecho verla de forma diferente. Ahí está el reto: ir conociendo, ir descubriendo quién eres hoy, qué quieres hoy y qué quiere el otro también.

> *La rutina entra cuando dejas de observar a tu pareja. Cuando ves lo mismo siempre es que ya dejaste de verla realmente, porque esa mujer no es la misma de ayer, ni tú tampoco. Cuando ambos empiezan a ver lo mismo, se empiezan a aburrir, dejan de sorprenderse y empiezan a perderse.*

Antes de ir a distraerte afuera con otra relación, es mejor atacarlo a tiempo. Si te empieza a gustar alguien más de la cuenta, es bueno que se lo puedas contar a tu pareja, siempre y cuando, esta tenga la suficiente adultez de escuchar que lo que le estás diciendo, más que una ofensa, es un llamado de atención para que juntos trabajen en rescatar la relación. Hay personas que piden sinceridad a tiempo, pero no están preparadas para escuchar ni recibir dicha sinceridad, esto hace que la persona se cohíba de hablar a tiempo y prefiera vivir la aventura creyendo que es pasajera y que eso no tendrá repercusiones, más no siempre es así.

Eso pone en riesgo la relación y, una vez que se descubre el romance escondido, igual se habla, pero en términos más complicados y hostiles de lo que pudo haber sido al inicio.

ENTONCES, ¿LISTOS PARA AMARSE PRIMERO Y LUEGO SER PAREJA?

Repito no hay reglas exactas, ni las habrá. Solo hay caminos que hemos transitado y experiencias que nos sirven de guía. Este manual es producto de mi experiencia, de mi camino, que te lo ofrezco para tengas una posibilidad, pero tú escribirás el tuyo con inspiraciones de otros y con experiencias tuyas. Inténtalo las veces que sean necesarias. Eso sí, el intento es en pareja, es un trabajo en equipo y deben estar presentes los dos integrantes por igual. Si uno de los dos no quiere o no puede, entonces es mejor separarse. No vale la pena remar un bote para una dirección cuando el otro rema en dirección contraria.

Todas las relaciones humanas tienen fecha de vencimiento. Hasta las familiares se vencen, ya que, independientemente del vínculo sanguíneo, los miembros van creciendo y cambiando, y estos cambios influyen en el tipo de relaciones que se construyen. Por ejemplo, un padre siempre estará unido a su hijo, pero la relación que exista entre ambos va a ir cambiando en la medida que el hijo pase por varias etapas y el padre también. En la pareja hay fechas de vencimientos porque los amantes también evolucionan y esa evolución marca los diferentes tipos de relaciones entre los integrantes. Esos vencimientos indican la necesidad de hacer renovaciones y actualizaciones en la relación, sin embargo, algunas renovaciones no permiten que la pareja camine junta y eso hay que aceptarlo.

Existe una forma que a mí me funciona para saber si es de decir adiós o no. Una relación sana es aquella que camina hacia la misma dirección, no importa tanto si van a la misma velocidad, si tienen que usar el mismo medio o no, pero sí es importante que el destino los mantenga en el mismo camino.

No te quedes solo queriendo hacer pareja, tampoco te quedes en una relación donde no eres feliz. Ninguna de esas dos opciones te las mereces. El ser pareja y hacer pareja siempre será un reto que se puede aceptar y, desde mi punto de vista, si estás realmente claro en lo que eres y hacia dónde quieres ir en la vida, podrás entonces escoger quién te puede acompañar en ese viaje. Y así los dos compartirían la aventura juntos sin dejar su individualidad.

> *Quiérete mucho, quiérete tanto que solo elijas una pareja desde la libertad y la responsabilidad y no desde la creencia de que te mueres si no estás con ella.*
>
> *Quiérete mucho, quiérete tanto que no necesites tener al lado a alguien que no te merezcas. Si logras sentir ese amor por ti, entonces sabrás elegir quién te acompañará en ese camino.*

Más que desearte buena suerte, te deseo que tengas buena autoestima. Solo las autoestimas sanas traen muy buena suerte.

¡Hasta la próxima!
LUIS ANDRÉS FIGUEROA

Este libro se terminó de realizar en noviembre de 2018.
(paquidermolibros@gmail.com)

Made in the USA
Middletown, DE
09 September 2021